# 非遗之美

山东省非物质文化遗产赏析 1

主编 王传东

山东教育出版社

## 专家委员会



## 编委会

# 前言

非物质文化遗产（以下简称“非遗”）是人民世代相承、与人民生活密切相关的各种传统文化表现形式和文化空间。我国非遗是中华文明的瑰宝，是文化多样性和文化创造力的体现。它延续着我们的文化脉络，承载着历史的记忆。

中国是一个历史悠久的文明古国，有着丰富宝贵的非遗资源。自2005年以来，国家加强了对非遗的保护，逐步形成了较为完善的非遗保护政策，建立了从中央到地方的分级保护制度。

随着经济全球化和现代化进程的加快，我国文化生态环境发生了巨大变化，非遗受到强烈冲击，许多依靠口传心授的文化遗产正在消失；许多精湛的传统技艺濒临失传；许多极为珍贵的实物与资料丢失或遭到严重破坏，非遗保护与传承的工作面临着许多亟待解决的问题。加强非物质文化遗产保护，不仅是国家和民族发展的需要，也是国际社会文明对话和人类社会可持续发展的必然要求。

山东是中华文明的重要发祥地之一，始祖文化、东夷文化、齐鲁文化源远流长，孕育出丰富多彩、异彩纷呈的非物质文化遗产。在中共山东省委、省政府的高度重视和正确领导下，在社会各界的大力支持下，在全省从事非遗保护工作者们的不懈努力下，我省非遗保护工作取得了显著成效。

2016年，文化部、教育部正式启动中国非物质文化遗产传承人群研修研习培训计划。受文化部委托，在山东省文化厅的指导下，山东工艺美术学院相继承办了木版年画、剪纸艺术、陶瓷烧制、葫芦技艺、核雕、木雕、内画、织绣等培训班，为弘扬中华优秀传统文化，推进非物质文化遗产的传承，特别是推动非遗进校园和非遗研培教学做出了重大贡献。笔者本人和编委们担任了山东工艺美术学院“中国非物质文化遗产传承人群研修研习培训计划”试点培训的组织工作，并在工作当中实地走访了许多非遗传承人。这些传承人有九旬的老人，有年富力强的中年人，也有朝气蓬勃的年轻人。在走访过程中，我们参观了他们工作、生活的环境，聆听了他们的传承故事，现场记录了他们的技艺操作，用视频、图片、文字等手段将这些技艺完整地记录保存了下来，掌握了大量第一手资料，并出版了《中国“非遗”传承人口述技艺丛书》。该丛书入选“2108 年度影响力图书推荐·第二季”好书榜。

出版本书的目的就是想通过对山东非遗项目中传统美术、传统手工技艺的多方位介绍，展示我省非遗保护成果，让读者了解山东丰富多彩的非遗文化。本书所介绍的 30 多项非遗项目，多数为山东省具有代表性的非遗项目，通过它们，我们可以了解到齐鲁大地的民风民俗。本书内容丰富、图文并茂。图片中有国家级非遗传承人的代表作品，也有优秀学员的佳作，是读者了解齐鲁文化，了解山东传统美术、传统手工艺的良好工具书。

山东各地文化部门和非遗传承人在本书的编写过程中积极配合，提供了大量第一手资料和帮助，在此一并表示感谢！

王传东

2019 年 8 月

# 目录

# 鲁派内画

王传东

内画，顾名思义，就是在透明或半透明的容器内壁书写绘画的技艺，它是我国特有的传统艺术形式。内画是在明末清初鼻烟壶传入中国后脱颖而出的一种新工艺，是以书法、绘画、玻璃炼制等为基础形成的新艺术品，这些艺术让人惊叹。内画的产生与高度透明玻璃的炼制、掏膛技术的成功是分不开的。内画的画法是以特制的变形细笔，在玻璃、水晶、琥珀等材质的壶坯内，手绘出细致入微的画面，格调典雅、笔触精妙。现代内画艺术源于京派，分为京、冀、鲁、粤四大流派。2008 年 6 月 7 日，内画经国务院批准列入第二批国家级非物质文化遗产名录。

鲁派内画艺术是一种古老稀有的传统手工技艺。清光绪十六年（1890 年），北京的内画鼻烟壶工艺

《泰山日出》 林毅

《鸟语花香》 文静

传到了琉璃之乡——山东博山。鲁派内画主要是以当地盛产的琉璃作鼻烟壶坯，用特制的钩形毛笔伸入口小如豆的壶腹中，在经过“涮里”的壶壁上反向作画而成，具有“方寸天地间融大画精神，咫尺寸幅间会天地乾坤”的艺术效果，并有“鬼斧神工”“巧夺天工”的美誉。

清末民初的知名内画家毕荣九利用本地生产的高级琉璃水晶料作壶坯，开始制作琉璃内画鼻烟壶，成为博山内画艺术的创始人和我国内画史上的一代名师。他大胆开拓、不断探索、勇于创新，开创了鲁派内画艺术且发明了鼻烟壶内膛涮磨法，取得了举世瞩目的成就，培养了不少美术人才，为山东陶瓷业的彩绘、琉璃业的内画艺术做出了巨大贡献。1956 年，老艺人薛京万、张文堂在博山美术琉璃厂招收艺徒，传授技艺，恢复了内画产品的生产。1958 年，薛京万发明了内画毛笔，同时发

《荷韵》 林毅

《富贵图》 林毅

《韵》 林毅

《事事如意》 林毅

《路路通达》 林毅

明了不怕水的烤彩内画鼻烟壶。内画毛笔的发明，是内画艺术发展史上一个重要的里程碑。内画毛笔与原来的竹笔相比，有着更大的优越性，使用起来得心应手，宜书宜画，极大地丰富了内画艺术的表现力，又提高了效率。

鲁派内画作品多以历史典故、神话传说、传统题材为主要内容，场面宏大、人物众多、构图饱满、层次分明、刻画细微、工整蕴藉，人物生动传神，动物栩栩如生，工艺技法各具风格，形成了自己的内画艺术特色，被国内外收藏家、爱好者和国际烟壶协会誉为“山东鲁派”。经过几十年的不断

《渔乐图》 张鹏

《夏趣》 张鑫泰

探索和几代内画艺人的不懈努力，鲁派内画欣欣向荣，涌现出了李克昌、文向君、张广庆、孙即杰、张广忠、王继泉、吴建柱、陈东顺、王孝诚等众多工艺美术大师、高级工艺美术师，作品享誉海内外，成为收藏家手中的珍品。近几年，鲁派内画作品在国内外重大展览评比中，多次荣获金银奖、百花奖、优秀奖等，成为我国工艺美术百花园中的一朵奇葩。2014 年 11 月，鲁派内画被列入国家级非物质文化遗产代表性项目名录扩展项目名录。

但是，随着市场经济的发展，企业所有制及经营方式的转变，鲁派内画的发展受到不断冲击，面临着青黄不接、举步维

《秋韵》 张忠

《木兰从军》 张忠

艰的局面。目前，鲁派内画没有研发新的载体，大多仍是把目光聚焦到鼻烟壶上，依然沿用过去的工笔内画进行创作，其艺术表现局限性较大。单一形式的表现，缺少感官上的新刺激，势必会造成观者视觉麻木，因此，丰富表现形式势在必行。鲁派内画的创新发展，应从内容与形式两方面进行。只有在精湛的内画技艺基础上，以现代设计理念结合当代新材料，探索新的造型手法和艺术形式，才能创造出富含文化内涵、符合现代人审美观念、具有较高品位的艺术品，使现代生活更加艺术化，同时也为鲁派内画的进步注入新活力，实现鲁派内画的良性发展。

# 山东木版年画

王传东

木版年画是中国历史悠久的传统民间艺术形式，有着1000多年的历史，于清代中晚期达到了鼎盛阶段，各种题材的画样多达2000多种，有历史故事类、神话传说类、世俗生活类、风景名胜类、实事新闻类、讽喻劝诫类、仕女娃娃类、花鸟虫鱼类、吉祥喜庆类等。

山东木版年画源于明代，盛行于清代，具有鲜明的地方特色和浓郁的乡土气息。山东木版年画以高密杨家埠年画为代表，辐射到青岛、聊城等地，以色彩对比强烈、造型质朴淳厚、题材广泛、形式多样、工艺技术完备、产量高、销量大而著称于世。杨家埠木版年画与天津杨柳青木版年画、苏州桃花坞木版年画、四川绵竹木版年画并称为中国四大木版年画。

现代年画《果香千里农家乐》 杨志滨

现代年画《甜蜜果儿》 杨志滨

通俗地讲，杨家埠年画的艺术特点有以下几点：一是造型夸张，构图饱满。画面有意突出人物的面部，并夸张形体，突破了现实中人物体态比例的限制，使构图看上去具有充实感和热闹的气氛。二是想象自由，寓意美好。杨家埠的年画创作有句俗话叫作“画画无正经，好看就中”，也就是怎么好看怎么画，充分发挥想象力，画得形神兼备、别开生面，同时还要借助画面中的形象、谐音等，将人们祈福纳祥的美好愿望寓意其中。三是色彩鲜明，图文并茂。充分利用红、黄、黑、绿、紫五种主要颜色，造成色彩对比强烈的视觉冲击，营造出鲜艳夺目、欢乐祥和的喜庆气氛。有的年画还配以文字，制作成“诗配画”形式，用来表达思想、传授知识等。所以，山东木版年画有其独特的审美价值、教育价值、经济价值和人文历史价值。作为历史悠久的民间艺术，山东木版年画是中华古老文化尤其是齐鲁文化中不可或缺的重要组成部分。

潍坊是山东木版年画的重要产地，杨家埠木版年画于 2006 年

5月20日入选第一批国家级非物质文化遗产名录。2001年12月，山东省潍坊市的杨洛书老先生被联合国教科文组织授予“民间工艺美术大师”荣誉称号。2007年6月5日，经国家文化部确定，杨洛书为国家级非物质文化遗产项目“杨家埠木版年画”代表性传承人，并被列入第一批国家级非物质文化遗产项目226名代表性传承人名单。杨家埠年画主要以门神、灶王神等传统形象为主。为紧跟时代潮流，杨洛书在传统年画的基础上积极探索创新，创作了一系列年画新形象。他的一大梦想就是把文学名著变为版画精品，创作出以四大名著为原型的系列版画。为了在有生之年实现这一梦想，已是耄耋之年的杨洛书承担着惊人的工作量。

在山东木版年画的保护和创新过程中，高级工艺美术师张殿英做出了突出贡献。在清乾隆时期，就有一种年画叫“金童子”，即印金年画，后来失传。张殿英通过查阅史料与寻访老艺人，

《中国节部分》 张运祥

经过反复研究试验，试印成功失传的印金、粉印和拱花，全面恢复了年画的古法印制技术。他还解决了年画裱褙跑色的难题，印出了泡在水里都不掉色的年画。2004 年 6 月，在北京举办的首届中国民间艺术品博览会上，张殿英的“保护木版年画三大件”——手工木版水印《山东潍县年画》、年画长卷《农家乐》和《年画工具百宝箱》荣获了中国民间文艺最高奖“山花奖”金奖。如今，他把木版年画技艺传授给了儿子张运祥，以继续木版年画的传承和创新工作。张运祥尝试制作木版水印手笺，这是用传统木版年画的制作方法，在木版年画印制方法的基础上，与水墨画的手法相结合，印制出介于年画与手绘之间的一种特殊效果，可以在同一色版上刷不同的颜色，产生不同的色彩效果，使水印出的作品效果每张都不一样，每件作品都是孤品。他还尝试用布印制年画，并取得了很好的效果。这也为年画走进现代家庭装饰，走向时装和时尚生活打下了基础。

印金年画《门神》 张运祥

《新春大吉》 张运祥

《贾宝玉和林黛玉》 张运祥

《钟馗》 张运祥

《麟吐玉书》 宗成云

《清河桥》 宗成云

《金龙大王》 郭太星

山东东昌府木版年画与潍坊杨家埠木版年画并称为中国民间艺术宝库的奇葩，代表着山东木版年画的东、西两大流派。东昌府木版年画的生产始于明代，已有300多年历史。东昌府木版年画具有年画、门神画合为一体的特点，构图简洁，整体感强，人物造型眼形窄长，鼻梁鼻翼瘦窄，形象丰满质朴；线条刚劲、流畅、圆润，弧中有直，柔中有刚；色彩柔和、鲜明、古朴，被列入第二批国家级非物质文化遗产名录。

木版年画作为中国优秀传统文化的重要组成部分，是中华民族独特的精神象征，其继承和发展是一项复杂而艰巨的系统工程。只有通过继承与创新的协调发展，传统与现代的有效融合，才能应对时代的挑战，最终实现其为民族传承、为生活创新的目的。只有这样，民间木版年画艺术才能进步和发展，成为世界的艺术。

# 曲阜楷木雕刻

王传东

曲阜楷木雕刻迄今已有 2400 多年的历史。相传孔子弟子子贡奔丧时，从家乡移来楷木植于墓旁，寄托哀思，因此有了“子贡手植楷”的典故。子贡用楷木雕刻其师孔子、师母亓官氏两尊圆雕坐像，始创楷雕。楷树树龄可达千年以上，木质坚硬，木质细，呈金黄色，有“南檀北楷”之美誉。曲阜楷木雕刻是曲阜独有的传统手工艺术，历史悠久、内涵丰富、技艺精湛，与曲阜碑帖、尼山砚并称为“曲阜三宝”。2008 年 6 月，曲阜楷木雕刻被列入第二批国家级非物质文化遗产名录。

曲阜楷雕历来是象征吉祥如意的装饰品，其经典之作往往是孔府向历代皇帝进贡的贡品和馈赠达官贵人的礼品。中华人民共和国成立后，楷雕佳品多次参加全国及世界工艺美术大展，屡获大奖。近年来，曲阜楷木雕刻受到了国人和世界各国人民的广泛欢迎并成为收藏和馈赠的佳品。这充分证明了

《福寿禄如意》 高莉洁

《孔子像》 高莉洁

《孔子论语笔筒》 颜德印

曲阜楷雕具有重要的历史价值、文化价值、艺术价值和社会价值。国家及省、市多次把楷雕产品作为高级礼品赠送国际友人。1984年，国家外事部门选定楷雕“八仙如意”作为国家主要领导人的出访礼品。同年，曲阜市工艺美术厂承担了修复孔庙大成殿内孔子、四配、十二哲龛楼及匾额、对联、供案、牌位等全部雕刻任务，成品深受各界人士的好评。

在曲阜，楷木雕刻最出名的是寿杖和如意，这也是曲阜楷木雕刻的传统品种。楷木如意相传始于宋代。相传孔子第四十五代孙孔道辅在宁州做官，他不信神怪，用笏板将一条被人们供为神灵的大蟒蛇打死。宋真宗听说后大加赞赏，并将那块打蛇的笏板封为“击蛇笏”。这样一来，上朝就不能用这块笏板了，孔道辅就用一块楷木代替了笏板。由于这块楷木形似如意，此后就逐渐演变出了楷木如意。

曲阜楷雕内涵丰富、制作精良，具有鲜明的地方特色和独特的艺术魅力。曲阜楷雕取法正宗、刀法古朴简约、浑厚精细。楷

《福寿禄如意》 孔德军

《梅花臂搁》 颜德印

雕技法有圆雕、浮雕和镂空雕。一件楷木雕刻的成品，要经过选料、解木、下料、整形、画图、切、削、净、刻、打磨、上色、打蜡等十几道工序才能最后完成。身不离案、刀不离手是楷雕艺人工作场景的真实写照，更融入了他们的日常生活。在他们心中，楷木雕刻不仅是一门家传手艺，更是他们生活中的一部分。

如今，楷木雕刻产品也由原来的寿杖、如意等几个品种发展为孔子像、各种人物、花鸟走兽和文具等近百个品种。如意图案有龙、凤、蝠、鹿、鹤、八仙、三星等题材，寓意好运当头、幸福吉祥；头为灵芝祥云状，通体雕花，浮雕、透雕、镂空雕等多种雕刻技法交叉使用。作品富有神韵，发乎自然、高贵典雅。来曲阜旅游的观光者，大多会选购楷雕艺术品，或收藏观赏，或作馈赠礼品。

现在，机械化生产对手工生产的冲击很大。国家级非物质文

《论语福寿如意》 颜德印

《万字纹如意》 曹红珍

《福寿禄如意》 高莉洁

《佛缘如意》 高莉洁

《鹿鹤同春》 孔德军

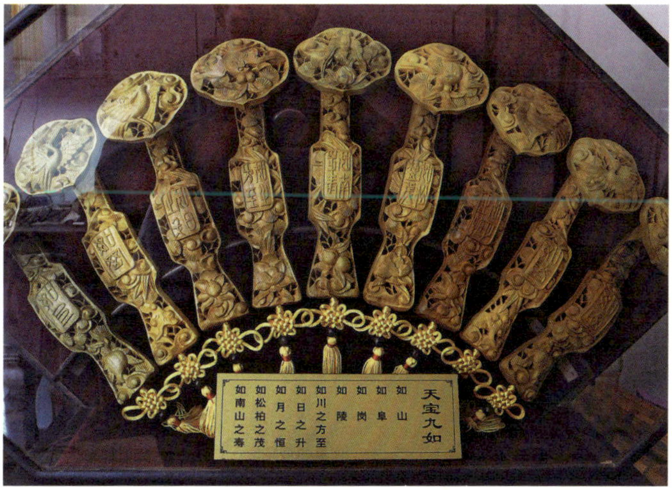


《天宝九如》 曹红珍

化遗产项目代表性传承人颜景新认为，传承人必须掌握完整的技艺，并在传承的基础上创新。现在，楷雕艺人辛辛苦苦创作的作品，用电脑一扫描，就可以得到图纸，然后就能进行机械化生产。但是机械化的生产会使传统的手艺跑偏、变味。与机械化生产相比，手工制作的楷雕费时费力，价格也较贵，因此销量并不乐观。所以，在原有基础上保证这项特殊工艺的进一步传承和发展，是未来一段时间内曲阜楷木雕刻行业的主要任务。

楷雕作为一项传统的技艺，并不能完全按照文化产业的路子发展。文化产业要考虑经济因素，但是传统的手艺很可能在产业化的过程中遗失。可以考虑让一部分楷雕作品进行机械化生产，以扩大其影响力，但是传承人必须在传承的基础上进行创新。只有处理好传承与发展、创新的关系，才能让曲阜楷雕艺术发扬光大，曲阜楷木雕刻的种类才会越来越多，流传才会越来越广。

# 山东面塑

王传东

面塑艺术俗称面花、礼馍、花糕、捏面人，它是用面粉、糯米粉等原料制作各种人物或动物形象的传统民俗艺术，是在中国民间做面花食品的基础上发展起来的。面塑艺术源远流长，已经有几千年传承和经营的历史，是中国文化和民间艺术的一部分。2008 年，面塑入选第二批国家级非物质文化遗产名录。

面塑艺术早在汉代就有文字记载。当时，人们把面蒸制成一定的形象，为食用增强装饰效果。到了明代，面塑逐渐脱离食用，演变成单纯的艺术形式独立存在。一些身背工具箱、四处奔波的面塑艺人出现在繁华闹市，以此为生，进一步促进了面塑艺术水平的提高。近代，面塑的内容和形式不断出新，其艺术魅力深受大众喜爱。他们不惜重金订购，

《八仙过海》 李咏梅

《献寿图》 王美

或作贺礼馈赠亲朋，或作陈设摆放自家案头。面塑由街头转向登堂入室，从此身价倍增，整体水平产生质的飞跃，表现手段和表现技巧日臻成熟完善。

面塑艺术的特点是造型完整饱满、略有夸张，手法简练、注重精气神，淳朴敦厚、色彩艳丽，让人觉得亲切自然。

面塑按其使用功能可分为两类，一类是专用于收藏的面塑，另一类是可以食用的面塑。用于收藏的面塑通常用精面粉、糯米粉、盐、防腐剂及香油等制成，而用于食用的面塑则用澄粉、生粉等制成。面塑的原料主要是面粉或经过加工配制的复合软陶质材料。它的制作过程比较复杂，不同于彩塑作品是成形后再着色，面塑是由事先已经染色的面团巧妙地组合而成，充分体现了创作者巧妙的心思和细腻的手法。一件完整的作品历经构思设计、和面、蒸熟、揉面、配色、捏塑、干化、包装等过程，在捏制过程中采

《嫦娥》 李咏梅

《天女散花》 李咏梅

用了揉、捏、压、搓、滚、碾、拨、切等多种技法，作品形态逼真，色彩鲜艳。由于防腐、防裂技术的不断改进，有的作品可以保存数十年甚至上百年。

面塑主要流行于黄河流域一带的陕西、山西、河北、河南、山东五省，而山东菏泽的李派更是在全国首屈一指，自古就有“天下面塑出穆李”的说法。据碑文记载，清咸丰二年（1852年），江西弋阳的米塑艺人王清原、郭湘云来到穆李村，与当地的花供艺人郝胜、杨白四合作，把米塑与花供技艺结合起来，形成了今天的“曹州面人”。从此，“曹州面人”脱离民俗功用，成为一种集观赏和把玩于一体的民间工艺品。除了它形象生动、粗犷、豪放、乡土气息浓郁的艺术风格外，“曹州面人”的持久保持期也是其另一魅力。在面塑艺术的发展过程中，穆李村

《杨贵妃》 王美

《宝琴寻梅》 王琴

面塑艺人走南闯北，影响全国，逐渐形成了三大流派，即山东菏泽的李派、北京的汤派、上海的赵派。三派各具特色，而菏泽李派一直独占鳌头，其代表人物有李俊兴、李芳清、穆绪建等。

捏面塑用的面由三成糯米粉和七成白面掺和而成，并根据需要添加适量的蜂蜜、甘油等，这样不容易腐裂。然后经过揉匀、调色，制成各种彩色的面。在捏面之前要用黄蜡润手，有时还要采用羊毛、羽毛、丝线、棉花等材料，来制作人物的胡须、头发、冠顶之类，增强面人的生动性。所使用的工具极其简单，主要是拨子、梳子、篦子和剪刀。拨子有竹质的、角质的，也有树脂的，可以自己制作。

面塑的形象多是传统戏曲、四大名著、民间传说、神话故事、儿童卡通中的人物以及十二生肖等，比如刘备、关羽、张飞、

《穆桂英》 王美

《惜春作画》 王美

福禄寿、八仙、嫦娥、哪吒、唐僧师徒、杨家将、水浒英雄、金陵十二钗、白毛女、葫芦娃、蜡笔小新、奥特曼等。当然时尚因素也会影响面塑的创作，如2008年北京奥运会的吉祥物“福娃”造型就曾畅销一时。

由于面团的可塑性强，在捏塑过程中很容易把握面塑的造型，面塑艺人通过揉、搓、挤、压、团、挑、按、拨等造型技巧，先把面人的头部或身体做出来，再加手，同时配以相关的道具。顷刻之间，就把千姿百态的人物、动物形象完成了。这些形象惟妙惟肖、活灵活现，令人赞叹！

现在，面塑作品已成为人们的艺术欣赏品和旅游纪念品，而知名的面塑大师也曾到东南亚多国献艺，并应邀访问欧美国家。面塑艺术要与时俱进，不断发展与创新，才能在今天的雅俗文化对流中以其独特、完整的形象立于民间艺术之林。

# 彩印花布

骆淑丽

彩印花布是指在一般蓝色之外还加有其他色彩图案的印花布，以白色土布为面料，采用手工套版完成，其风格独特，色彩艳丽，被称为“花袱子”“包袱皮”。彩印花布是山东应用最为广泛的传统印染布料之一，有着悠久的历史和鲜明的地域特色。2006 年 12 月 30 日，彩印花布入选山东省首批省级非物质文化遗产名录。

山东民间印染技艺源远流长，早在秦汉时期就有记载，至明清时期尤为繁盛。1911 年编修的《山东通志》有“花被面出平原、禹城、菏泽、范县、滨州、济宁、汶上”的记载，系指民间印染花布。过去，彩印花布是人们生活中不可缺少的一部分。老辈人穿的衣服，日常用的门帘，闺女的嫁妆及用于定亲、结婚、走亲访友用到的包袱皮等，都是彩印花布做的。山东地域范围内制作和使用彩印花布的地区主要有菏泽、济宁、枣庄、临沂、潍坊、滨州、

《中国梦局部》 张明建

《丹凤朝阳》 张明建

《多子多福》 张明建

德州、烟台等地。其中，以临沂市、滨州市的博兴县、济宁市的嘉祥县三地的彩印花布最具民俗文化特色。

山东民间彩印花布色彩明艳、热烈、厚重，富有装饰性，形成了浓郁的地方特色和独特的艺术风格。在配色上主要以大红、翠绿、桃红、紫、黄等色套印，图案富丽堂皇，民间通常以“鹅黄鸭绿鸡冠紫，鹭白鸦青鹤顶红”来形容彩印花布的绚丽多彩。用色的总体倾向鲜亮热闹又稳定淳厚，配色既大胆又讲究，把大红、绿、黄、蓝、紫等强烈饱满的对比色放在同一个画面上，形成火爆热闹的基调，而色彩的位置和面积却又经过精心设计，并适当以空白进行巧妙过渡。有的包袱皮纹样全用各种大小色块组成，没有轮廓线版，这些色彩根据形象分成大小不等的点线和块面，有聚有散，较为均匀地分布在画面上，既不重叠也不浸化，保持着色彩的高纯度，同时又相互呼应，使整个色调既对比强烈又均衡协调。在这些色块之间常露出白底，形成亮色块的边缘线，缓和了亮色块之间的冲突感，使画面协调而富有灵气。

《鱼戏莲》 张明建

《寿》 张明建

《中国梦》局部 张明建

山东彩印花布有衣料花布、包袱皮、门帘、帐檐、枕顶、桌围、褥面、被面等不同的形式和用途。题材多是鸟兽虫鱼、花卉果蔬和戏剧人物等，大多选材于吉祥的民间故事传说和历史故事传说，反映了人们的思想、感情和心理愿望以及对美好事物的追求和向往，具有一定的实用价值和审美价值。如鱼戏莲、四喜石榴、丹凤朝阳、吉庆有余、福寿图等，选题带有明显的谐音和寓意，具有浓郁的乡土气息，是一些地方姑娘出嫁时的必备之物。

山东彩印花布的图案构成，大体可分为折枝散花、团花、二方连续、四方连续和单独纹样。衣料花布多采用四方连续的小花图案，被面则采用四方连续的大花图案。帐檐、褥面采用一个纹样并排刷印，构成二方或四方连续图案，但周围要加印花边。枕顶、小包袱皮、桌围、门帘则采用单独适合纹样。大包袱皮的图案有的是几个纹样拼印在一起，有的用一个单元纹样或并排刷印，或四方旋转刷印，或上下对印，或正反对印，将纹样填满包袱皮面，构成不同效果的图案。

《花鸟图》 耿延祯

《十二生肖系列之猪》 张明建

山东彩印花布的制作方法过去有两种工艺，即凸纹木版印花工艺和镂空纸模版印花工艺。前者因其效率低，型版不易保存，现在山东地区已经基本绝迹。沿用至今的是镂空纸版（又名“漏版”）刷印的方法，即把镂刻花纹的油纸版平放在布上，一色一版、多色套版印刷的方法，分为打版、画版、刻版、调色、染色五道工序。打版，又称打纸帮，一般用四五层毛头纸裱糊在一起。先将纸裁好，在清水中浸透至平整，然后取出放在竹竿上晾至六七分干，取下贴到案子上抚平，晾好纸后，用浆糊刷到晾好的纸版上，然后上下对齐再覆盖一层纸，每张版由三至四层纸黏合而成。约三至四天纸版干透后，在纸版上绘制图案并进行镂刻，刻完之后用滑石打磨掉纸版的毛刺，然后在刻

《狮子滚绣球》 耿延祯

《福寿康宁图》 耿延祯

好图案的纸版上反复刷桐油，先刷一层生油，再刷二至四层熟油即成。调好颜色后，按次序分别将纸版铺在白布上，漏印不同的颜色。染布的一般顺序是：第一层绿，第二层洋红，第三层黄绿，第四层大红。第一、二层颜色的顺序不能乱，因为绿色是整个图案的轮廓，有定稿作用，先染绿色，再染其他颜色时对版较为容易。把洋红作为第二层，是它干得比较快，颜色不会洇，比较容易控制。掌握好这两个染色，其他颜色的顺序可依照个人习惯进行。

司马迁曾在《七十列传·货殖列传》中记载：“齐带山海，膏壤千里，宜桑麻，人民多文采布帛鱼盐。”山东彩印花布曾经是人们生活中的必需品，在婚礼、祝寿等喜庆的场合扮演着重要的角色，装点着百姓的生活。但随着机械化生产的普及，传统的手工印染技艺逐渐失传，彩印花布也渐渐远离了人们的生活。随着人们生活水平的提高，审美观念趋向多元化，人们对生活的品质和细节要求越来越高，国家及大众对传统文化也越来越重视，在这种环境下，彩印花布又重新回到人们的视野，结合现代生活的需要，焕发出新的光彩。

# 潍坊嵌银髹漆技艺

骆淑丽

潍坊嵌银髹漆技艺是潍坊传统工艺的代表，它源于春秋战国时期的金银错工艺，在潍坊制铜业和金石学的基础上，逐渐发展成为在木质器具上镶嵌金银丝的独特工艺。潍坊嵌银髹漆技艺至今已有二百多年的历史，它曾在潍坊乃至全国工艺史上占有重要地位。1915 年，使用嵌银髹漆技艺制作的潍坊嵌银漆器在巴拿马万国博览会上被授予“最优奖”。2011 年 6 月 10 日，潍坊嵌银髹漆技艺被列入第二批国家级非物质文化遗产扩展项目名录，2018 年入选国家文化和旅游部首批传统工艺振兴项目。

潍坊嵌银髹漆技艺是一种独特的手工技艺。它以名贵红木、天然漆和金银丝为主要原料，将传统的雕刻、嵌银、木工技艺有机地融为一体，经精工雕刻、镶嵌而成。嵌银艺术采用中国画的白描形式，有山水、花鸟、古装人物和汉代青铜器花纹，产品造型古朴典雅，作品内容洒脱简练、秀美飘逸、流光溢彩，具有强烈的民族特色和地方特色。因其原料为红木，异常坚固，不易变形，上漆工艺讲究，不易褪色，故有极高的收藏价值。

潍坊嵌银漆器种类繁多，既有文房四宝、龙头百寿拐杖、屏风、如意、舵轮、方鼎、宫扇、看盘、小摆件等工艺品，也有雕龙座椅、雕龙床、雕刻橱、博古架、花架、梳妆台等高档家具。

作为独特的民间工艺品，潍坊嵌银漆器有一套完整复杂的制作工艺。首先是选材，必须用硬度高、木质细腻的木材，多为红木，所以叫红木嵌银漆器。最早用本地枣木，云南的檀木、楠木，海南的黄花梨；近代多为从东南亚国家和非洲进口的紫檀、花梨、酸枝木等红木系列木材。

《小叶紫檀嵌银中国结印章》 黄海生 黄康胜

《小叶紫檀嵌银镙钿托盘》 王杰

《小叶紫檀嵌银托盘》 王杰

其次是胚胎制作。用锯、刨等工具将选好的红木按器具的图形进行分割。本着大件优先、中件次之、剩余做小件的原则进行分割，然后用凿开榫、下卯。

第三是精雕细刻。将设计好的平面画稿图案贴在胚胎的红木上，运用几十种雕刻工具进行立体雕刻。

第四是镶嵌金银丝。艺人用小刀按贴好的纹样在红木器具上刻挖出细槽，将经过锻打后拔成不同规格的细金丝或银丝镶嵌在划出的细槽里，再用小锤砸紧砸实。金银丝嵌好后，对已雕刻和嵌丝的制品进行反复打磨，直至表面光滑明亮。

最后是上漆。先对器具上色上灰，再涂以 7 遍大漆，最后将金银丝上的漆色除去，使嵌丝显出固有的本色。

潍坊嵌银漆器是潍坊特有的手工艺品。清康熙年间，潍县的铜器加工业已相当发达。工匠们为美化产品，扩大销路，便参照古代青铜器的金银错工艺，在一些铜器上镶嵌金银丝花纹，这就是最初的潍坊嵌银制品。清道光年间，铜匠艺人姚学乾、田熔睿试验在木器上镶嵌金银丝，其制品是一些小型器物，用于观赏，花纹大都为古钱、汉瓦。清光绪十六年（1890 年），

《镇尺》 美成则工作室

《鲁班锁》 王杰

当地铜匠田晓山、田菊畦兄弟两人设计出了翎毛、花卉、山水人物等题材，使产品别开生面。民国元年（1912年），潍县刘东侯、刘仲鲁二人设立桐荫山馆，并在济南、北京设立分馆，对嵌银丝漆器花样又有所改进。

1920—1935年，是潍坊嵌银行业的兴旺时期，店铺、作坊发展到二十几家，仅潍县一地就有协兴成、永兴成、桐荫山馆、扣雅斋、福聚成、立兴成、吉兴泰、公茂福、松荫斋9家。所制物品有手杖、墨盒、文具盒、图书盒、印泥盒、笔筒、镇纸、墨床、笔架、水盂、印规、砚屏、卷烟盒、烟楼、首饰盒、镜盒、照片架、龙头杖、花瓶、帽筒、桌屏、如意、手章盒、名片盒等。除本省销售外，上海、南京的先施公司和国货公司都有经销，甚至远销国外。20世纪40年代后期，嵌银行业日渐衰落，许多店铺停业关门。中华人民共和国成立后，党和政府对嵌银业大力扶持，不断订购产品，组织艺人组成嵌银生产合作社，开始量化生产。1958年11月，合作社转为合作工厂，职工增

《小叶紫檀嵌银 S 腿底座》 黄海生 黄康胜

《小叶紫檀嵌银镇尺》 黄海生 黄康胜

《小叶紫檀嵌银兽头一木一器文盒》 黄海生 黄康胜

《小叶紫檀嵌银印泥盒》 黄海生 黄康胜

《紫光檀嵌银香道礼盒》 王杰

加到 97 人。1965 年建起了大锯车间，木工生产由手工发展到半机械化生产。1974 年，潍坊嵌银厂几乎处于停产状态。1977 年后，嵌银业得到较快恢复和发展，嵌丝、雕刻、髹漆技术水平均有提高，花色品种由 1954 年的 22 种增加到 200 多种，生产逐步实现半机械化，产品畅销日本、联邦德国、美国、奥地利、加拿大、新加坡、法国、泰国、荷兰、意大利、菲律宾等 20 多个国家。1975 年，潍坊嵌银厂的嵌银博古套七文具获轻工业部优质产品称号，嵌银漆器 1979 年获省优质产品称号，1988 年荣获中国工艺美术品百花奖银杯奖（国家银质奖级）。

200 多年来，经过传承者的辛勤努力，潍坊嵌银髹漆技艺这一文化遗产日臻完善，在继承前人绝技嵌法的基础上，又创造了粗细丝配嵌、金银丝配嵌、砸尖等嵌法，根据题材的不同选用不同的嵌法，达到了近乎完美的艺术效果。

# 蓝印花布

骆淑丽

蓝印花布是我国历史悠久的传统手工印染制品，古朴无华，蕴含着民间独特的审美趣味和生活情调。蓝印花布采用镂空版白浆防染印花工艺，以其独特的工艺、鲜明和谐的蓝白之美闻名于世。据史籍记载，蓝印花布源于秦汉，兴盛于商业发达的唐宋时期，广泛普及于资本主义萌芽的明清之际，距今已有1300多年历史。现代所见蓝印花布，多数为明清时流行的样式。2006年5月20日，南通蓝印花布印染技艺入选第一批国家级非物质文化遗产名录。2006年12月30日，蓝印花布（苍山县大仲村蓝印花布、东明县大屯镇蓝印花布、博兴县锦秋街道办事处蓝印花布）入选山东省首批省级非物质文化遗产名录。

蓝印花布一般可分为蓝底白花和白底蓝花两种形式。染制蓝底白花布只需用一块花版，构成纹样的斑点互不连接，常见的有梅、兰、竹、菊等图案。

《兔子布偶》 相汉高

《虎布偶》 相汉高

白底蓝花布的制作方法，常用两块花版套印，印第一遍的叫“花版”，印第二遍的叫“盖版”。盖版的作用是把花版的连接点和需留白之处遮盖起来，以更清楚地衬托出蓝色花纹。另一种印制白底蓝花的方法，是用一块单独的印花版衬以网状物，花版的纹样无需每处连接，刻好后用胶和漆将花版粘牢在大面积的网状物衬底上，然后再刮印浆料。有的蓝印花布还是双面的，这就需要在正面刮浆干透后，利用拷贝桌在反面对准正面纹样再刮一次浆。

蓝印花布的纹样图案都来自于民间，取材于百姓喜闻乐见的民间故事、戏剧人物，但更多的是由动植物组合成的吉祥纹样，也有简单的几何图形，采用暗喻、谐音、类比等手法抒发民间百姓对美好未来的憧憬，寄托人们对美满生活的向往。

在民间的传统习俗中，蓝印花布占有相当的位置。旧时，江

《寿》 耿延祯

《凤戏牡丹》 耿延祯

《菊花台布（1）》 耿延祯

《菊花台布（2）》 耿延祯

浙一带女儿出嫁时，一定要带上母亲准备好的一条用靛蓝布做成的饭单，这样的习俗是显示女儿嫁到男家后“上得厅堂，下得厨房”的理家能力。姑娘出嫁时的衣被箱里必定会有一两条蓝印花布被面，大都是龙凤呈祥、凤戏牡丹图案的“龙凤被”，称为“压箱布”。可见在当时，蓝印花布在老百姓生活中是必不可少的。

明清以来，蓝印花布已成为风靡全国的印染手工艺品，主要产地分布在江苏、浙江、上海、山东、湖南、湖北，还有河南、河北、四川、山西、陕西及东北各省，并形成了各自独特的艺术风格。

山东蓝印花布不仅是齐鲁百姓的日常生活用品，更是独具特色的民间艺术品，具有鲜明的地方特征。其色彩沉着古雅，给人以清新之美，纹样富有节奏感和秩序美，题材丰富而独特，制作工艺巧妙而精细。从色彩看，山东蓝印花布一般为蓝底白花，蓝色底所占面积较大，白色花纹所占比例较小，花布的色调偏暗，整体感觉沉着而古雅。从纹样题材看，山东蓝印花布也独具特色，具体表现在四个方面：首先，具有独特的斑点美。山东蓝印花布也被称为“花点子布”“猫爪花布”，多以规整的几何圆点组成画面，富有动感和视觉冲击力。其次，纹样细小，构图舒朗。这是因为山东蓝印花布多为单版印制，受单版印制的工艺所限，艺人们只能用小点和短线间歇地构成花纹。第三，图案组织呈现程序化特征。山东蓝印花布多以二方连续、四方连续组织图案，排列出的图案具有节奏感和秩序美。第四，纹样题材丰富而独特。除了动物类、植物类、器物类等与其他地区相一致的题材外，还有烧饼花、韭菜花、白菜花、甜瓜花等面食类和时令蔬菜类等题材，具有浓郁的生活气息，这是江浙一带蓝印花布所没有的。

蓝印花布制作工艺复杂，需要经过选布、脱脂、裱纸、画样、刻版、上油、刮浆、浸染、晾晒等多道工序。

如今，蓝印花布面料已由原来的单面印花发展成双面印花，

《凤凰牡丹》 相友文

《老版菊花图案》 相友文

由单色发展成复色，由小幅布发展到宽幅布，由土布发展到精棉坯布和棉麻混纺布。花色品种也日益增多，出现了蓝印花布门帘、壁挂、台布、鞋帽、拎包、玩具等多种工艺品，尤其是蓝印花布时装，成为都市里一道亮丽的风景线。

我国早在周代和春秋时期就有采蓝、制蓝的记载。《诗经·小雅·采绿》：“终朝采蓝，不盈一襜。”这里的“蓝”就是蓝草。《荀子·劝学》篇中“青，取之于蓝，而青于蓝”，就是对织物染色经验的总结。秦汉时期，在织物上印染花纹的面料称作“缬”。据《二仪实录》载：“缬，秦汉间始有。”《周礼·考工记》记载当时染色工艺状况时，也有“青与白相间也”的记载。到了宋、元、明、清时期，因其印染方法简单易行，取材方便，蓝印花布在民间非常普及。

蓝印花布虽然只有简单、原始的蓝白两色，却创造出了一个淳朴自然、千变万化、绚丽多姿的蓝白艺术世界。她那朴拙幽雅的文化韵味，在我国民间艺术中独树一帜，散发着迷人的魅力。

《十二生肖包袱》 耿延祯

# 长岛砣矶砚雕刻技艺

骆淑丽

长岛砣矶砚，又称鼍矶砚，亦称金星雪浪砚，是著名的鲁砚之一，系用砣矶岛特产的金星雪浪石加工而成。以砣矶石制砚始于北宋熙宁年间，兴盛于明、清两代，迄今已有近千年的历史。砣矶砚在北宋时与歙砚齐名，有金星雪浪纹的更是砚中极品，是文人墨客的爱物。2013 年 5 月 7 日，长岛砣矶砚雕刻技艺被列入第三批省级非物质文化遗产名录。

砣矶砚因料石产于砣矶岛而得名。砣矶砚的石料出于长岛县砣矶岛西部临海的断崖峭壁下，过去唯有岛上教书先生或攀山越岭，或舟渡以至，零星采制，多为己用，或馈赠亲朋。主要成分有绢云母、绿泥石和少量的石英、白钛矿、电气石等，质地油润细腻，细中有锋，柔中带刚。雕刻成砚后，色泽

《托起明天的太阳》 王守双

如漆、金星闪烁、雪浪腾涌，研不起沫、涩不滞笔、油润不吃墨，为砚中珍品。

砣矶砚之所以获“金星雪浪砚”的美名，实乃奇特的地质运动所赐。原为古陆地的渤海历经几亿年的沧桑巨变，在砣矶岛西隅形成了一小块独一无二的地质构造。砣矶砚石颜色为黑中略呈绀青、灰绿色，因其含有微量自然铜，如金屑撒在上面，闪闪发光，石上还有明显的雪浪纹，小的如秋水微波，大的如雪浪滚滚，故名金星雪浪砚。

砣矶砚的突出特点是：石质均匀，软硬适中，研墨如油，平滑如玉，不渗水，不损毫。由于在研墨中将砚台上的金星研入墨中，所以写出来的字，如五月的夜空金星闪耀，条条细浪似层层白雪，极富立体感。

由于砣矶砚有着优良的质地及较高的欣赏和实用价值，到了清代，它已成为地方官吏敬献皇帝的贡品。目前，故宫博物院尚收藏有清代内务府遗留下来的砣矶砚一方，为乾隆年间所

《朝霞映红梅》 乔旭玲

《福寿双全》 乔旭玲

制。此砚为长方形，石色青间碧，受墨处宽平，墨池深广，中刻一蟠，边刻四螭绕之，制作极其精美。乾隆用后大加赞赏，遂赋一首七言绝句，并镌刻于砚底。诗曰：“砣矶石刻五螭蟠，受墨何须夸马肝，设以诗中例小品，谓同岛瘦与郊寒。”诗中所说的“马肝”，系指广东肇庆市的端砚。端砚呈马肝色，历来被人们视为砚中最好的，而乾隆觉得砣矶砚不亚于端砚，故以“受墨何须夸马肝”句褒之。而“岛瘦”与“郊寒”，则是指唐代著名诗人贾岛与孟郊，二人诗作风格独树一帜，很受世人称赞。在乾隆看来，砣砚和端砚如贾岛与孟郊的诗一样，各具千秋、互有特长。

砣矶砚雕工细腻精美，意境开阔，设计巧妙；图案稳中有变，纹理层次分明，气势雄浑古朴；其构思、格调、造型、工艺等都达到了很高水平。作为著名的鲁砚之一，其雕刻技艺具有鲜明的时代特色、地域特色以及特定的历史、文化和科学价值。在历史记载中，文人墨客们对砣矶砚赞誉有加。据《鲁砚》记载：“以鼍矶石制砚，始于北宋。”佚名《砚品》谓：“宋时即已鼍矶石琢以为砚，色青黑，质坚细，下墨甚利，其有金星雪浪纹者最佳，极不易得。”清丁筠庄说：“此品归砚，极

《仙阁日出》 王守双

《龟寿》 朱海玉

润而发墨，是处皆端歙石，而岛石偶一见之……加之砣矶石在大海之中，采石艰难，得石不易，故传世品极少。”传说清代山东大画家高风翰极爱收藏砚台，家有美砚千方。一次，他得到一方砣矶砚，如获至宝，高兴得爱不释手，连晚上睡觉都抱在怀里，不想把右胳膊压坏，只好改用左手写字作画。

砣矶砚的雕刻以平雕为主，突出仿古性和实用性。在我国众多的制砚方法中，包括端砚、歙砚都是先把石料切割打磨成所需要的形状，然后再进行雕刻。但是砣矶砚不同，这是因为砣矶石材有不同颜色的自然面。这些自然面的形成主要是因为石材有很多石纹，经过多年其他物质的渗透，形成了红、黄、紫、黑等不同色彩。根据石材的自然面巧妙构思，因形施艺，使自然与艺术和谐统一，是砣矶砚艺术风格的独特之处。

砣矶砚制作流程繁杂，工序琐碎，对制作者要求颇高。

首先是挑选石料。砣矶砚在制砚过程中讲究的是原汁原味，长宽比例、形状都尽量保持原石规格，连粘附在上面的海蛎子壳也不丢弃。石面要以没有裂纹和破损者为佳。

其次是构思。这是雕刻砚台最难，也是最关键的一步。特别是对有特色的石料决不能轻易动刀，有的要经过几个月的构

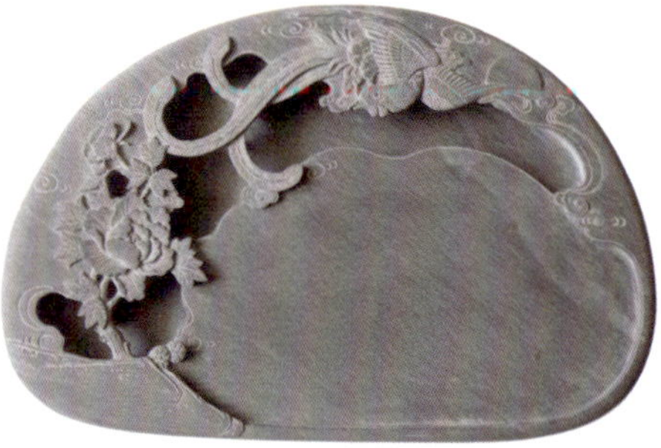

《凤穿牡丹》 乔旭玲

《祥龙戏珠》 乔旭玲

《福山寿海》 朱海玉

《英雄独立》 朱海玉

《书魂砚》 王守双

思才能找到最佳创意。

再次是雕刻。在石料上设计好图案，因材施艺。用切割锯把多余的部分割掉，用砂轮机打出一个大体的轮廓，再用雕刻刀做细部加工。充分利用石材天然纹理、石皮、俏色、金星、金线等，宁简勿繁，尽量少动刀，这样雕出的砚台才精美，有品位。

最后是打磨。先用 300~400 号水砂纸打磨，再用 800~1000 号水砂纸细细打磨。

作为著名的鲁砚之一，砣矶砚以其独有特色在中国砚雕艺术中占得一席之地，用自然天成的材质承载着齐鲁大地人文气质的表达，通过艺术家独到的眼光和精准的手法赋予了石头全新的艺术生命，呈现出中国传统文化的印记，将大自然给予人类的馈赠打造成极具人文内涵的艺术珍品。

# 聂家庄泥塑

尹怡朋

高密泥塑主要是指地处山东高密西北姜庄镇聂家庄产的“泥玩意儿”。高密泥塑和高密剪纸、扑灰年画并称为高密“三绝”，全部为国家级非物质文化遗产，并且各具特色。

聂家庄泥塑相传起源于明代隆庆、万历年间，最早的雏形是用泥巴做外壳，填充火药制成烟花，主要用在过年和正月十五燃放观赏。因为这种烟花外形酷似一口反扣的铁锅，所以被称作“锅子花”。

清康熙年间，“锅子花”完成了向泥塑的转变，聂家庄泥塑开始向专门供观赏和儿童玩具方向发展，其制作方法也由手工捏制改为模具制作，并涂以鲜艳的彩绘，发展出泥虎、泥狮、泥鸡、泥娃娃等多个品种。嘉庆年间，泥塑逐渐由静态发展到动态，出现了可以活动并发声的玩具，如叫虎、叫鸡等，

《红楼梦 十二金钗》 聂臣希

聂家庄的泥玩具成为声色并茂的民间艺术品。民国时期，聂家庄从事泥塑生产的人数开始增多，“聂家庄，朝南门，家家户户捏泥人”的童谣就是对此时泥塑场景的真实写照。

中华人民共和国成立初期是聂家庄泥塑发展的兴盛时期，当时发展到 50 多个品种，并销往周边省份。在农闲时节，几乎家家制作泥玩具。20 世纪 70 年代末以来，聂家庄泥塑不断创新，品种增加到 100 余种，先后在潍坊市、山东省和全国的民间美术展中获奖。在一批老艺人的努力下，聂家庄泥塑已发展成为特色突出、品种丰富、形象完美的民间艺术品，2006 年 12 月 30 日，被列为山东省首批非物质文化遗产名录。

红冈子土是聂家庄泥塑制坯的主要原料，这种土在聂家庄村旁田间掘地 1 米深以上即可取得，艺人多于自家耕地中取土。红冈子土土质细密，含沙，黏性大，柔韧性好，抗拉强度高，因颜色偏棕红而得名。其制作工艺流程并不复杂，一般分为和泥、手塑、翻模、制坯、制哨、装哨、接坯、涂粉、彩绘和上油等工序。只有和泥、涂粉和彩绘是必不可少的工序，很少有一类或一个品

《叫虎》 张清先

《五福叫虎》 聂来忱

《对狮》 聂希蔚

《五福麒麟》 聂来忱

种的泥塑会在制作过程中用到全部工序。

在聂家庄流传着一些生动明了的民谣，如：“一块泥巴一支笔，随心所欲来捏制。一家老少都能搞，两天能换一斗米”“红红绿绿、图个吉利”“红马绿鞍配，黄马紫鞍配”等。这些言简意赅、朗朗上口的口诀是泥塑技艺传承的一种独特方法。

聂家庄泥塑具有代表性的一个特点就是“发声”。发声是全国不少地区的泥塑都具有的功能，而唯有高密的泥塑发声不

《十六罗汉》 聂希蔚

靠嘴吹，而是采用推拉、摇动来发声。如典型的作品《叫虎》、《摇猴》，在它们身体的中空部分都装有可以发出声音的芦苇杆做成的哨子，并且这些造型都由两个用皮革连接在一起的部分组成，推动两个部分活动就可以发出声音。

高密的聂家庄泥塑，在造型、色彩、题材等方面受到当地扑灰年画、剪纸的影响，内容喜庆吉利，造型夸张，笔法流畅精练，色彩鲜艳，整体形象朴实而生动、写实而传神，把所塑对象按照人的愿望集中而强烈地表现出来，很自然地形成了高密独有的泥塑风格，反映了高密劳动人民朴实的性格和对美好生活的憧憬。

在艺术造型上，聂家庄泥塑向剪纸靠拢，大胆夸张，注重写意，力求简约概括，不求形似只求神似。传统聂家庄泥塑中

《吉祥如意》 聂希蔚

《抱鱼孩》 聂希蔚

《三贤》 聂希蔚

的颜色纯度高、种类少、视觉冲击力强，搭配在一起，给人一种明快亮丽的感觉。在传统泥塑造型中，除大红和绿之外，粉红和黄的应用也比较多。艺人们进行颜色搭配的过程中会注意各种颜色之间的关系，在色彩上追求浓烈明快的效果，如大红与绿、粉红与黄等，使得各种颜色搭配在一起非常舒适；冷色与暖色也进行互补，不过多以暖色调为主。

经过不断创新与大胆突破传统，聂家庄泥塑的表现题材十分丰富，从民间传说、文学作品、影视戏剧等方面汲取营养，进一步突出自身特色，大大拓展了作品的题材范围，在泥塑玩具中独树一帜。现有的 100 多个品种从表现题材上大致可以分为动物、植物、儿童、戏曲人物、神像、历史人物等，其中动物题材特别是叫虎、叫鸡的销量最大。

正是因为其顽强的艺术生命力，聂家庄泥塑才能历经数百年依然顽强地生存下来，并不断发扬光大，在民间工艺美术中占有重要的一席之地。

# 济南泥塑“兔子王”

尹怡朋

济南市的泥塑以“兔子王”为代表，是济南的标志性传统艺术品。过去，每逢中秋节，老济南人赏月、拜月、祭月，家家都供奉兔子王。清康熙三十一年（1692年）修订的《济南府志》记载：“望日为中秋节，设牲醴，陈瓜果，做月饼，布筵中庭以祭月。人家馈送、仪动必有月饼、西瓜，以为应节时物也。此日皓月满空，碧天如水，在在宴秋，宾朋欢呼，岁岁以赏月为常也。”与这个节日相伴的，是别处少见的兔子王，祭月时与月饼、水果一同置于供桌之上。祭供之后，就成为儿童玩具了。

兔子王究竟起源于何时，目前没有一个准确的说法。明朝末年即已出现了泥塑的兔神形象。到清代，泥塑兔神在北京、济南等地已很盛行。北京人称之为“兔儿爷”，济南人叫它“兔子王”。

民间最早制作兔子王的多是一些泥瓦匠，他们有活的时候盖房子，没活的时候做泥兔子，以贴补家用。由于泥瓦匠们都是业余手艺，他们制作的兔子王拙朴粗犷，虽然不算精致，却也别有一番韵味。

民国时期，济南兔子王逐渐变成了“产业”，也有了自己的特色。每到中秋，兔子王跟月饼和水果一起销售，无论谁买月饼和水果馈赠亲友，都要捎一个或几个兔子王作为礼品。节日前，从普利门（今济南西门外）到舜井巷头（今老东门）的一条主要街道两旁，摆满了销售兔子王的摊子，各式各样丰富多彩，引来无数市民观赏购买，是济南中秋佳节的盛景。

济南制作兔子王，比较有名的有米家、解家、张家、周家等30多家，集中在盛唐巷一带。中华人民共和国成立后，则移至人民商场东北的顺河街一带。旧时兔子王艺人有代代相传的行业道德，做兔子王的人家只批发不零售，别家有创新的样子也绝不模仿，因此各家的作品都保持独特风格。

20世纪50年代，随着老济南拜月、祭月风俗的消失，兔子王和许多民间工艺品一样慢慢淡出人们的生活。自20世纪80年代以来，兔子王重现济南，一上市就引起人们的关注，尤其是老济南人。

《泥塑兔子王》 周秉生

《泥塑兔子王》 周秉生

在老济南人眼中，兔子王是童年记忆的代名词。周氏兔子王是传统兔子王。周景福是周氏兔子王第三代传人，破“四旧”时将积存的模子都砸了。改革开放后，受天津泥人张等民间艺术复兴的影响，周景福又开始做兔子王。2004 年，周景福去世，其子周秉生成为周氏兔子王的第四代传人。

除了传统的兔子王制作外，还出现了杨峰等设计创新的兔子王。杨峰在创新的基础上，加上自己的独特设计，以“天下第一泉”趵突泉等为代表的泉水背景作为兔子王的底座，创作出全新的“泉城兔子王”。

兔子王与京津地区的兔儿爷异曲同工，但是在发展中逐渐形成了自己的特色。兔子王基本造型是兔面人身，面部绘有脸谱，白面红唇、红眼睛、长耳朵，且耳朵与头部使用弹簧连接，晃动起来富有童趣。兔子王常打扮成戏剧人物形象，头上戴帽、身穿红袍，背后常见四面靠旗，威风凛凛；制作时兔子王体内中空，内藏拉线，

《泥塑兔子王》 周秉生

《泥塑兔子王》 周秉生

《泉城兔子王系列》 杨峰

《泉城兔子王系列·鼓乐兔宝》 杨峰

拉动时兔子王便可挥臂捣药，像是作揖行拱手礼，很是独特。

兔子王现存有十几个品种、大小 20 多个样式，按照大小分为头王（高 80 厘米）、二王（高 50 厘米）、三王（高 30 厘米）、四王（高 20 厘米）几种，其中又有站式、坐式与骑虎式的分别。此外，还有兔子山、小花脸、小坐蹲、女王子、小插旗、小锅腰等样式。

地域特征：兔子王作为济南独有的民间传统工艺品，以其捣药的动态，明显区别于北京、天津一带的兔儿爷。济南兔子王虽然大小不同，形态各异，但以线绳牵之，这些兔子都可以呈现出玉兔捣药的动态，这是济南兔子王的突出特色。

民俗特征：济南人过中秋节的历史可以追溯到唐宋时代，随着中秋节日文化内容的丰富和完善，逐渐形成了以兔子王作为节

《泉城兔子王系列·卧牛泉兔子王》 杨峰

《泉城兔子王系列·鼓乐兔宝》 杨峰

《泉城兔子王系列·黑虎泉兔子王》 杨峰

令用品的习俗，到清末民国时期，兔子王已是济南人过中秋节时必不可少的节令用品了。用兔子王拜月是济南人欢度中秋佳节的独特习俗，是济南与其他地方中秋佳节相区别的民俗符号。虽然北京、天津也有同类工艺美术品，但其名为兔儿爷，“兔子王”一名仅为济南所有，因此具有独特的民俗价值。

原料特征：艺人们因地制宜，就地取材，采用济南特有的黄河胶泥——干子土为原料制作兔子王。

审美特征：济南兔子王简洁粗犷，色彩明亮，体现出济南人崇尚豪爽奔放、练达简约的独特审美观念，具有明显的地方特色和文化内涵。

中秋节是中国重要的传统节日，兔子王反映了济南人对月亮的崇拜和对美好生活的追求，与拜月、赏月、吃月饼及有关的民间传说共同组成了完整的中秋文化传统，具有重要的文化价值。

# 嘉祥石雕

孔大健

嘉祥县位于山东省西南部，京杭大运河西邻，是济宁市的一个县，享有中国石雕之乡、中国唢呐之乡、中国鲁锦之乡等美誉。据传春秋时期，鲁哀公西狩获麟，得此祥瑞神兽，取嘉美祥瑞之意，因而得名，麒麟现为嘉祥县县标。

据考证，新石器时代嘉祥一带就有早期人类制造石斧的痕迹。当地的早期发展上承夏商、下接春秋战国，男耕女织，文化兴盛，当时也曾是鲁国的政治、经济、文化发展重地。嘉祥山地众多，境内分布有大小一百二十余座山峰，丰富的山石资源为嘉祥石雕提供了宝贵的原材料来源，当地也凭借精美的石雕成就了“中国石雕之乡”的美名。2006 年 12 月 30 日，嘉祥石雕被列入山东省第一批省级非物质文化遗产名录；2008 年 6 月 7 日，嘉祥石雕经国务院批准列入第二批国家级非物质文化遗产名录。

嘉祥石雕早在西汉时期就已具规模，雕刻工艺

《麒麟石雕》 梁秉公

《月亮奇观》 梁秉公

成熟、作品题材种类繁多：神话与人物、神禽神兽、各种动物、陵墓雕刻、石阕石碑、日常用具等皆有所表现。作品浑厚大气、栩栩如生。

始建于东汉桓帝、灵帝时期的武氏祠就是汉代石刻艺术的典型代表。武氏祠位于嘉祥县纸坊镇武翟山北麓。据考证，武氏祠内的画像石是我国现存最大、保存最完整的汉碑、汉画像石群。武氏祠画像石内容题材广泛，涉及神话题材、历史题材、世俗题材等内容。祠内的一对大型石狮造型遒劲粗犷，是我国现存石狮中唯一有确切年代记载的石狮艺术造型，也是我国最早的石狮雕刻。祠内还保存有国内最完整的石阙一对、石碑两块、祠堂石刻构件四组约四十余件文物。正是由于武氏祠的独一无二，所以，北宋欧阳修的《集古录》与金石学家赵明诚的《金石录》中还专门有所论述。嘉祥武氏墓群石刻是国务院 1961 年公布的全国第一批重点文物保护单位之一，被史学界誉为汉代历史百科全书。

魏晋南北朝时期，嘉祥出现了造型技巧更为娴熟的人物雕刻，同时，南北朝时期陵墓雕刻复兴，麒麟作为镇守陵墓的神兽得以大量雕刻，其技法也日趋成熟。至隋唐时期，建筑与陵墓石雕仍是嘉祥石雕的重要内容，但此时期的石狮造型多呈坐姿，狮头部鬃毛出现了盘花样式。隋唐时期，佛教盛行，大量圆雕石佛、飞天形象以及石兽、浮雕神龙等形象也都雕刻精细、技法娴熟。伴随着市井经济的发展，宋代嘉祥石雕逐渐走入普通市民家庭，为民众日常生活所用。至明清时代，传统题材中的麒麟、石狮、建筑石雕等仍然是嘉祥石雕的重点表现内容，其中，以记录朝廷大事、褒奖良好道德品行等为目的，大量的石雕牌坊应运而生。据不完全统计，明清时期大约有三十余座石雕牌坊记录在册。明代石雕牌坊造型相对简洁凝重、质朴无华；清代的牌坊则较重装饰，侧重图案纹饰的繁复之美。民国前后，国内社会动荡，社会经济颓靡，对石雕行业的发展造成了很大影响，这期间石雕艺人为了生计，多做小件器物为生活所用，鲜见大型石雕作品。

石雕技艺在我国源远流长，将坚硬的石材通过雕琢变成具有文化意蕴、艺术特征的立体造型，是一个充满智慧的创作过程。花岗石、大理石、青石等都是常用的材料。从艺术特色和地域划分来看，中国的石雕有北派与南派之别，北派石雕作品以气势宏伟、庄重典雅见长；南派石雕以精雕细刻、造型纤巧著称。嘉祥石雕就地取材，秉承了北派石雕的庄严古朴之风，在户外雕刻、大体量、重传统之风等方面独具特色。嘉祥石雕山东省级非物质文化遗产代表性传承人梁秉公以及梁秉书的雕刻技艺就秉承了嘉祥石雕的典型艺术特色，承古纳新，从表现内容到艺术手法都颇具当代风格。

天青石是嘉祥当地盛产的石材，也是当地主要的石雕原料。该石材为青灰色，物理性质稳定，密度适中，有较好的硬度和韧性。其质地滑润细腻，色泽雅致耐看，具有北方石材的浑厚深邃之美，既可加工大型雕件，又可雕小件精美器物，加工品类繁多，历来为当地石雕艺术家所重视。天青石根据其硬度不同有不同的用途，大型石雕作品例如建筑、石阙、牌坊等常选用硬度比较高的天青石，

《貔貅仿铜石雕》 梁秉书

《兖州刘庄村口石雕牌坊》 梁秉书

《城头山考古遗址公园大门》 梁秉书

而硬度较低的天青石则常用来制作生活用品、各类雕像、浮雕构件等作品。

嘉祥石雕的加工工具常见的有：锤子类，如大锤、中锤、手锤等；錾子类，如大尖錾子、小尖錾子等；凿子类，如平凿、齿凿等；此外还有石锉、斧子、电钻、墨斗、尺子、磨石、铁铲、石锯、雕刻机、砂轮、抛光机、砂纸、抛光粉等。其加工过程经历图纸设计、石材开采到切料、开荒、打细、打磨、抛光等一系列工艺流程，既有机器运作，又有手工雕凿，还有精细加工，缺一不可。嘉祥石雕常根据作品的类型确定制作步骤，人物雕像类需要首先制作小型泥稿，再制作泥稿大样，然后再选择石材雕刻加工；景观园林类则需要首先确定作品尺寸，然后设计图稿，再选择石材进行雕刻制作；动物等类题材则一般不需要预先设计，可根据作品尺寸选定石材直接雕刻完成。嘉祥石雕的当代制作类型多样，常见的作品类型有神像、神话故事、吉祥神兽、文化名人、历史典故、园林建筑、广场景观等，包括了圆雕、透雕、浮雕、线雕、平雕等多种工艺。其制作过程首先是开荒，包括开大荒、开中荒与开小荒。开大荒即在石料上凿去大块多余材料部分，确定出大体轮廓；开中荒指在前面的基础上，打出基本形态；开小

《唐河玉石雕算盘》 梁秉公

荒指当雕刻至离核心形体约一厘米左右时所进行的雕刻。第二个步骤为打细，即对开小荒后形体结构的重点雕刻，这个步骤很重要。第三步是打磨，即在打细基础上对作品进行的打磨、抛光。现代工业科技进步带来了雕刻效率的普遍提高，但作品有时过于机械，所以传承人有时会人为制作一些效果来提高作品的手工之美。随着科学技术的进步，当代市场上又出现了许多仿金属效果石雕，材料感觉逼真，有较高的仿真度。

在市场经济的带动下，嘉祥石雕的确产生了很好的社会经济效益，带动一方经济的腾飞。但在经济效益提高的同时，一些问题也开始出现，例如机器生产的高效率与艺术价值之间的关系问题，作品的趋同化问题等，使得传统嘉祥石雕技艺传承面临着新的挑战。我们相信，在国家文化、经济等相关政策的引领与社会各界的共同努力下，嘉祥石雕一定会继往开来，迎来更加辉煌的明天。

# 灯　彩

孔大健

正月十五赏花灯是我国一大传统习俗，灯彩就是我国的优秀工艺美术种类之一。灯彩又被称作花灯、灯笼，正月十五前后的夜晚，伴着皎洁的月光，观赏流光溢彩的各式花灯，已不仅是人们儿时的美好记忆，更是现实美的华彩呈现。2006 年 5 月 20 日，灯彩经国务院批准列入第一批国家级非物质文化遗产名录。

据考证，我国的花灯工艺起源于汉武帝时期的设坛祭神。祭祀时灯火彻夜通明，后又融合道教、佛教的宗教仪式，正月十五晚上到处挂灯，点亮灯火，形成了我国的独特民俗。灯彩文化盛行于唐代，至宋代在民间普及开来。明清时期，元宵节赏灯仍旧相当热闹，民间出现了专门的灯市，灯彩的制作工艺种类更趋多样化。

《灯彩设计方案》 赵进

《年年有余》 图片提供方：淄博玉黛湖花灯艺术节

《鸿运旺福》 图片提供方：淄博玉黛湖花灯艺术节

灯彩兼具生活功能与艺术鉴赏价值，既有祭神、祈福纳祥的吉祥文化意蕴，又有民俗观赏娱乐的功能。元宵节赏月，制作花灯，举办花灯会、花灯展，已经成为中华民族的重要民俗活动。难怪明代著名画家唐寅就曾作诗赞颂此美景：“有灯无月不娱人，有月无灯不算春。”

在我国，灯彩艺术不仅令人赏心悦目，还具有良好的文化象征意义。各地灯彩种类繁多，两千多年来，元宵节闹花灯的习俗一直延续，这是由于灯彩含有一些美好的寓意，早已融入了千家万户的生活。例如“灯”与“丁”在闽南语中属于谐音，因此，提灯、闹灯在当地被看作人丁兴旺的好兆头；在台湾民俗里，元宵佳节女子于灯下忙碌，是祈求来年为家庭添丁生子的含义；台湾北部桃竹苗客家有“起丁”习俗，即从农历正月十一日起男丁到家庙挂灯，称“起灯”，与“起丁”谐音，作为新生男子入族的仪式之一，意义非凡。绚丽多彩的花灯文化为生活增添光彩，为节日增加喜庆气氛，体现了人们祈求平安幸福、趋吉避凶的良好心愿。

我国灯彩技艺复杂，各地都有自己的花灯特色，具有加工工艺、制作技法、工具材料、外部装饰、环境适应等多方面的复合性特征。花灯按照造型划分，常见的有龙灯、花篮花灯、龙凤花灯、棱角

《新时代 新征程》 图片提供方：淄博玉黛湖花灯艺术节

花灯、荷花花灯、球形花灯、异形花灯以及其他类型的仿生造型花灯、组合造型花灯等；按照使用形式及适用范围划分，有座灯、提灯、吊灯、壁灯等类型，还有宫灯、礼花灯等；按照制作材质可划分为纸糊花灯、纱织花灯、塑料薄膜花灯、玻璃花灯、竹质花灯、木质花灯、铁质花灯、冰花灯等；按照功能可分为仪式用花灯、照明用花灯、装饰用花灯等；按照光源类型可分为火光源花灯、电光源花灯、激光光源花灯等类型；根据灯彩的展示方式不同又分为动灯与静灯、动静结合灯。随着科技水平的不断进步，灯彩的制作技艺也在不断革新，种类繁多，不胜枚举。

从地域分布看，灯彩技艺可分为南北两大流派，大致以长江为界。依据分布地区不同，有北京灯彩、洛阳宫灯、山东淄博花灯、汴京灯笼张、上海灯彩、苏州灯彩、福建芷溪花灯、重庆秀山花灯、秦淮灯彩、福建泉州花灯、广东潮州花灯、佛山彩灯、广东

《福猪贺岁》 图片提供方：淄博玉黛湖花灯艺术节

信宜花灯、台湾花灯等多种。总体来说，北方花灯造型线条有力度、高大雄伟、粗犷而有气势，天安门的大灯笼、哈尔滨冰灯等皆属这一类。山东及周边地区用面食材料制作的面灯广泛分布于山东沿海及内陆多地，燃后可食用，济南、菏泽等地的河灯、绣球灯、雪花灯也别具特色；南方花灯精雕细琢，追求细节的细腻表现，栩栩如生，例如苏州的荷花灯漂浮在波光粼粼的水面之上，充满诗情画意。

灯彩制作技艺方法多样，无论哪种类型的花灯，都要有成熟的构思与设计，因为制作过程中有些步骤是不便返工的。

传统灯彩技艺的材料一般多选用竹篾、竹条、木条、木片、绫绢、羽毛、贝壳等，通过扎制、编结、裱糊、绘制、绣制、雕刻等工艺，综合制作而成。灯彩的制作一般包括以下步骤。

（一）构思与选材：事先设计好灯彩的全部内容，明确骨架搭建

《莲莲有鱼灯》 李梅

《金鱼戏莲灯》 李梅

的材料和裱糊所用材料，考虑后期的装饰涂绘、雕刻等工序，材料选择与施工工艺需要相互结合。（二）制作骨架（扎胚）：此阶段主要是搭建起作品框架，不论是竹、木还是金属等，加工框架时都应遵循方便制作的原则。（三）灯身制作：骨架搭建完成后，根据设计图完成灯身的主体制作。（四）光源安装：传统花灯制作，蜡烛是常用光源，现在普遍以电灯代替，应考虑光源亮度效果与展览的安全性以及适合存放等问题。（五）粘接装裱：这一步是传统纸质或纱质花灯制作的重要一步，先在骨架上均匀刷上浆糊，把裁剪好的棉纱布轻轻粘附在灯架上，再用蘸了浆糊的刷子刷平，然后再粘贴第二层纸，轻轻压实裱糊的灯纸，不能看出来接缝，体现精工细作。（六）晾干：将灯笼放置在阴凉通风处慢慢晾干。（七）彩绘装饰与安装：结合灯身造型，既可以用现成的图案、文字、图片等粘贴装饰，也可以在灯笼上书写、绘制，再安装灯穗儿等装饰物。

随着人们物质生活的丰富和现代化水平的提高，很多年节与民俗中使用的花灯开始变革传统花灯的制作方法，技艺不断

《花篮灯》 李梅

《麒麟灯》 李梅

推陈出新。

第一，现代灯彩传承人在继承传统技艺基础上将当代社会生活内容融入制作，将传统文化与当代生活相结合，制作出了许多反映时代精神的作品。

第二，当代灯彩的制作选材范围更加广泛，制作技法也更加灵活多样，充分运用当代高科技的声、光、电、数字技术等完成创作，令人耳目一新。

第三，从灯彩功能性的拓展方面看，过去只有在年节、民俗活动时展现的灯彩，现在在城市、乡村的夜景中也经常以丰富多彩的形式展现，如许多城市的灯光秀、亮化工程等，既提高了夜晚的光照度，也提升了夜景的美感。

虽然灯彩制作这门民间技艺在一些地方也面临从业者、学习技艺的年轻人减少等问题，但随着人们文化生活的进一步丰富、传统文化的进一步普及，相信在不久的将来，这些问题一定会得到妥善解决，这门技艺在不断的传承与发展中，也一定会继续大放异彩。

# 葫芦雕刻

孔大健

葫芦雕刻技艺是用特制工具在葫芦体上进行雕琢、刻画的工艺。2008 年 6 月 7 日，葫芦雕刻经国务院批准列入我国第二批国家级非物质文化遗产名录。山东省聊城市东昌府区是重要的葫芦雕刻生产、销售基地，葫芦雕刻也成就了东昌府区“中国葫芦雕刻文化艺术之乡”的美誉。

东昌葫芦雕刻工艺完善、制作考究，以其雕工细腻成熟、作品造型饱满、独具美感而著称。其工艺历史悠久，表现内容多根植于民间世俗生活，极富象征意蕴，且文化内涵丰富，深受世人青睐。

葫芦艺术是伴随葫芦的种植而兴起的。早在我国殷商时代，甲骨文中就有对葫芦的相关记载，《诗经》中也有关于葫芦的诗歌，由此可以推断，葫芦在这个时期已经广泛种植。

葫芦有很强的实用价值和艺术观赏性，瓢就是民间最常见的器具。此外，葫芦还可入药，可做成乐

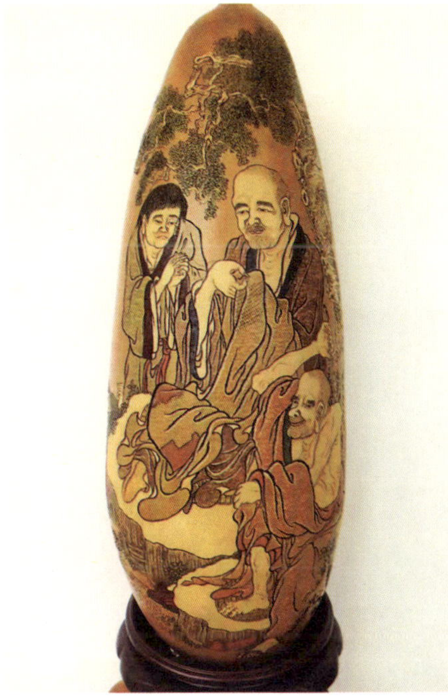

《罗汉图》 马友谊

《奥运精神》 孙希洲

器等。葫芦的装饰手法繁多，宋代就已出现通过改变颜色和形态创作出的具有较高观赏价值的葫芦艺术品，器物上有蕃莲螭纹、夔龙纹等精美纹饰。明清时期常见的范制葫芦装饰有云纹、饕餮纹以及诗词文字等，颇具特色。范制葫芦造型丰富多样，有笔筒、瓶子、盒子、碗、杯盘、罐子、寿桃、如意、尊、壶、炉等型制。工匠将各种图案雕刻在葫芦上，就形成了葫芦雕刻艺术的早期面貌。星移斗转，葫芦雕刻渐渐成为民间工艺品的重要类型。

据记载，早在宋代，葫芦雕刻工艺在东昌府就已经普及。据传有一位王和尚擅长绘画和雕刻，祖籍在东昌府区闫寺，告老还乡后，发现闫寺一带盛产葫芦。王和尚爱养蝈蝈，于是开始在养蝈蝈的葫芦上雕刻精美的纹饰，开了葫芦雕刻的先河。后来人们纷纷效仿，葫芦雕刻由此流传开来。明清时期，凭借京杭大运河便利的航运，东昌府商贸兴旺，葫芦雕刻产品成为沿河重要的贸易商品，带动了当地的经济发展。

《一路连升 紫气东来》 李霞

《佛》 赵长浩

《福袋》 赵长浩

《钟馗纳福》 赵长浩

葫芦在民间被认为是福寿绵长、吉祥如意的象征。葫芦谐音“福禄”“护禄”，内瓤有籽（寓子），枝茎称“蔓”，而“蔓”与“万”谐音，“蔓带”寓意“万代”，葫芦与它的茎叶一起被称为“子孙万代”，有多子多福、子孙万代的寓意。同时，葫芦还被作为镇邪之物，驱灾难、避凶险。道教传说中，铁拐李、麻姑、南极仙翁等神仙都用“宝葫芦”作为法器。葫芦还被佛庙、道观用作驱邪逐鬼、镇压五毒的宝符，辟邪纳福。在中国道教神话中，葫芦中所装的都是起死回生的万灵药，故又有“悬壶济世”一说。在我国汉语中，葫芦的别称不下几十种，常见的有瓠、壶、壶卢、蒲卢、匏等等。葫芦笙作为一种乐器也充满了吉祥寓意，借“笙”字与“生”“升”谐音，体现了葫芦文化的另一个特征。

葫芦雕刻在我国分布较广，有雕葫芦、刻葫芦等细分类型，其制作工艺复杂，从种植开始就有很多讲究，加之形态、色彩等要素，真正用于雕刻的葫芦都是经过严格挑选出来的。

所谓雕葫芦一般指用刀雕的方法加工葫芦，通过刻字雕画等手法完成作品，既有单体葫芦的雕刻，也有葫芦组合体的雕制，例如山东聊城刀雕葫芦、兰州刀雕书画葫芦、综合雕制葫芦等。

刀雕葫芦题材通常包括神话传说、民间故事等，刀刻、针划技法兼有，常用颜料点缀，线条粗犷灵动，有拙朴之趣。片制葫芦也是刀雕葫芦常见的手法，用刀片除去葫芦之表皮，利用自然露出的白底形成纹饰。刀雕书画葫芦多采取阴刻线条手法，先把书画内容画于葫芦之上，再雕刻浅线，作品集书、画、雕刻于一体，既有较高的艺术价值，又有很好的收藏价值。这种刀雕手法亦可在染过色的葫芦上进行，令作品别有一番趣味。

葫芦雕主要雕法有阴雕、阳雕、透雕、平地雕、沙地雕、阴刻阳雕等。常用刀法主要有平推刀、直刀、外侧刀、内侧刀、顺刀、逆刀、挑刀、垛刀、切刀等，根据内容选择不同的刀法与雕法。雕制宜遵循静、精、稳、准、轻、慢、巧的原则，精工细作。

刻葫芦多指运用细小的针、刀等工具在葫芦表面进行刻画加工的技法。刻葫芦较早出现在甘肃兰州雁滩，当地人闲暇时在葫芦上用针刻画图案，蔚然成趣。后来经过历代艺人的不断完善，逐渐形成了刻画葫芦这一类型。刻葫芦包括针画刻法和刀画刻法等技法，作品中的几何形状分布有致，针刻书画分布其间，相映成趣。兰州针画葫芦一般制作在亚腰葫芦和当地特产鸡蛋葫芦上，内容多包括神话故事、菩萨像、诗词书法，还有花鸟、动物、植物等题材。针画葫芦远销京津与海外，被誉为“妙艺”。

《一团和气》 马友谊

《天人合一中国梦》 孙希洲

《天下第一福禄》 孙希洲

时至当代，各地的葫芦雕刻技艺又迎来了新的发展机遇。以东昌葫芦为例，经过上千年的传承发展，东昌府葫芦雕刻艺术依然保持着鲜明的民族与地域特点，而且生产、加工、销售产业链已经形成。在堂邑镇，几乎每户都有加工车间和门市，从指肚大小的微型葫芦到一两米高的大型葫芦作品可谓应有尽有，镂刻、彩雕、针画各种技法均有应用。丰富的作品成就了东昌葫芦雕刻艺术的文化和学术价值，也为当地带来丰厚的经济回报。

东昌府区当地政府大力扶持葫芦产业。尽管在发展中遇到许多问题，但当地政府积极应对，通过举办各种形式的葫芦文化博览会、比赛等活动搭建民间艺人与社会交流学习的平台，努力打造葫芦文化；积极推动中青年传承人群的培养、推介活动，设立多个葫芦研究基地、葫芦工艺公司，调研开发新产品；还积极投资规划东昌葫芦一条街，打造民间特色文化区。

在政府的关怀和传承人群的共同努力下，葫芦雕刻技艺从业者正在抓住传统文化复兴的伟大历史机遇，克服困难，以崭新的面貌推动这项国家级非物质文化遗产项目的保护与传承事业迈向新阶段。

# 高密扑灰年画 孔大健

中国自古以来工艺美术品类繁多、制作技艺精美考究，手工艺制品涵盖人们生活的方方面面，体现了功用性与审美价值的有机统一。这其中，山东高密的扑灰年画就是颇具特色的民间美术类型，其表现形式与制作方法独树一帜。2006 年 5 月 20 日，高密扑灰年画经国务院批准列入我国第一批国家级非物质文化遗产名录，2006 年 12 月 30 日又被列入山东省第一批省级非物质文化遗产名录。

据考证，扑灰年画是高密地区的传统民间绘画种类，自明代成化年间开端，清代达到一个发展高峰，迄今已有五六百年的历史。由于扑灰年画与国画的写意作品创作手法有着千丝万缕的联系，并且受到古代文人画和寺观壁画等的影响，所以扑灰年画在当地也被称为“民间写意画”。扑灰年画的主要产

《文财神》 刘刚

《学兵法》 吕蓁立

《新春笛音》 吕蓁立

地在高密北乡姜庄、夏庄等地的30多个村庄，其开创者是高密北乡公婆庙村一户王姓人家，后来他们收徒传艺、扩大作坊加工经营，使扑灰年画广为传播。

我国非物质文化遗产中的各类民间画种都有其特有的传统文化根源、艺术流派、制作工艺流程以及相应的营销模式，在民间世俗生活与文化传播中扮演着不可或缺的角色。在高密扑灰年画中，民间常讲的“老抹画”和“红货”就是其重要的两大派别。“老抹画”一派虽历经新兴画风的浸染仍“痴心不改”，一贯秉承传统画法，以画墨屏为主要内容，注重作品的典雅清秀，从“墨屏墨屏，案头清供，婆娘不喜，老头奉承，货卖识主，各有前程”这几句“老抹画”从艺者的顺口歌谣里，就可对其秉承传统技法

《代代有余》 吕蓁立

《金榜题名》 吕蓁立

的艺术实践略窥一斑。“红货”则融会天津杨柳青年画和山东潍县年画的用色习惯，将丰富而强烈的色彩变化引入画中，作品颜色鲜艳夸张，凸显出色彩使用的吉祥喜庆气氛，也受到消费者喜爱。“红绿大笔抹，市上好销货，庄户墙上挂，吉祥又红火”是对“红货”作品的真实写照。

从工艺流程来看，一幅精美的扑灰年画一般要经过 20 多道工序。扑灰年画作者一般先明确绘制题材、构思画面内容。“扑灰”是从制作角度定义的概念，是指用柳枝烧制画笔，在底稿上勾勒形象作为底版，也被称为“粉稿”，然后通过拍打复制等方式，将画稿印制扑抹在准备好的白纸上，往往一幅底版可以制作多幅画稿，这是第一个步骤，也称作“扑抹”。如需增加画幅数量，一般是在扑好的一张画稿上再用炭条重描一遍，多次扑抹，便可得到一定数量的作品，这在没有复印技术的当时真可谓是一个创举，既节约了资源、也提高了效率。第二步是手绘阶段，即在扑印出的画稿上勾线，分别完成勾线、粉脸、涮手、敷彩、开眉眼、涮花、磕咸菜花、描金等步骤，其中用到了当地画师常讲的“大刷狂涂”“细心巧画”等手法，前者重在写意，后者重在工笔，一写一工尽显扑灰年画的制作技艺与独特美感。“细心粉脸，眉眼巧画”指的是扑灰年画的细微局部表现，从狂涂到巧画，既有画师们对中国绘画写意性恣肆挥洒的艺术语言理解，又饱含画师们细致描绘的精工匠心。最后一道程序是“涂明油”，即在画面的人物等重点区域整体或局部涂抹明油，增加亮度，完成作品。从技法上看，高密扑灰年画带有半印半绘的特征。这其中，由于手绘阶段的复杂性，手绘成为画面的关键所在，扑抹轮廓则成为作品的基础阶段。

就题材来看，高密扑灰年画多流传于民间，题材更多地以老百姓喜闻乐见的形式见长，凝聚着当地民俗的文化内涵。作品几乎涵盖了中国民间年画所有的敬祖孝亲、辟邪纳祥、祈福喜庆等文化类型，也是高密家堂年俗、孝亲文化、和谐生活等精神弘扬发展、传承沿袭的重要载体。画面内容多包括神话故事、民间传说、历史故事、民俗生活、山水花鸟、帝王将相、才子佳人、戏曲故事人物、仕女娃娃等。到目前，扑灰年画品种已多达一二百种，包括福禄寿三星、姑嫂闲话、五子登科、踢毽子、五子献寿、万事如意、富贵平安、八仙庆寿、牛郎织女、福寿双全、双童献寿、李靖王、四季花屏、三娘教子等题材。

就艺术风格看，扑灰年画构图简洁大方，造型饱满、线条舒展豪放，常用全开纸完成作品，尺寸较大。除了花卉条屏之

《福禄寿三星》 刘刚

《三星兆瑞》 王俊波

《富贵有余》 王俊波

外，较少用背景衬托，甚至不画背景，人物比例在画面空间中较为突出，平面构图饱满醒目。画面常以色代墨，设色浓艳。画面人物高大丰满，姿态富有律动感，面部多表现为大耳阔腮，人物整体形象丰润隽秀、耐人寻味。

扑灰年画技法独特、兼工带写，作品兼具构思巧妙、画风豪放、古朴稚拙、粗犷、典雅的特质，深得民间绘画工写兼备的用笔、用墨、用色要义。扑灰年画把年画与年俗、民俗紧密结合，深受大众欢迎。

# 山东剪纸

陈　静

中国剪纸是用剪刀或刻刀在纸上剪刻图案的镂空艺术，是用于生活装饰、布艺绣样、配合生活习俗和特定民俗活动的民间艺术。在中国，剪纸有着广泛的群众基础，是各种民俗活动的重要组成部分，其传承延续的视觉形象和造型格式，蕴涵了丰富的地域文化和历史信息，表达了当地百姓的社会认知、道德观念、精神崇拜、生活理想和审美情趣。剪纸作为一种民间的装饰品，承载着世代相传的风俗习惯，它寓意丰富、风格独特、地域特征明显，是民俗学、考古学的丰富载体，具有不可估量的研究价值。

我国剪纸文化历史悠久，内容丰富，形式多样，是中国民间艺术中的瑰宝。2006 年 5 月 20 日，剪纸艺术被列入第一批国家级非物质文化遗产名录。2009 年 9 月 28 日举行的联合国教科文组织保护非物质文化遗产政府间委员会第四次会议上，中国申报

《金童送鱼》 张本河

《海阳大秧歌》 工倩倩

《锣鼓喧天庆丰收》 李金波

《鸡有五德》 张宏娓

《福寿有余》 高雷

《麒麟送子》 顾朋泉

的中国剪纸项目入选人类非物质文化遗产代表作名录。2006 年 12 月 30 日，莒县过门笺、五莲剪纸、滨州剪纸、高密剪纸、烟台剪纸和胶州剪纸被山东省人民政府列入第一批山东省省级非物质文化遗产名录，其中莒县过门笺、滨州民间剪纸、高密剪纸、烟台剪纸在 2008 年 6 月被列入第二批国家级非物质文化遗产扩展项目名录。2009 年 9 月 27 日，威海剪纸、茌平剪纸、黄县窗染花被列入第二批省级非物质文化遗产名录。2016 年 3 月 25 日，泗水民间剪纸、琅琊剪纸、挂门笺、烟台剪纸被列入第四批省级非物质文化遗产代表性项目名录扩展项目名录。

中国剪纸发展到今天，大体上形成了以长江为界的南北两大不同风格的剪纸派别。南派主要以浙江、福建、湖南、湖北、广西、云南等地为代表，作品多以刀刻为主，精工细刻，写实性较强；北派主要以陕西、山东、山西、河北、黑龙江、北京、天津等地为代表，作品多用剪刀剪成，作品粗犷豪放，写意性较强。

山东是中国民间剪纸的发祥地之一，各地剪纸风格各异，特点突出，技巧精熟。从地域风格上大致可分为两类：一类是渤海湾区域粗犷豪放的风格，与黄河流域其他省份的剪纸一脉相承；一类是山东胶东沿海地区以线为主、线面结合的精巧型剪纸，装饰手法与

《锦绣河山》 胡孝新

山东汉代画像石细微繁缛的风格一脉相承，装饰花样精致细密。

滨州剪纸历史悠久，在国内外享有盛名。其结构严谨、古朴浑厚、拙中蕴灵、题材广泛，多豪放粗犷之作，是中国数千年传统文化艺术的结晶。滨州剪纸主要分布在黄河、徒骇河流域的广大乡村集镇。这里经济繁荣，民俗活动多样而频繁，剪纸是这些民俗活动的重要组成部分，从人生礼仪到岁时节令，从庙会集聚到民间祭祀，到处都可以见到剪纸留下的痕迹。滨州民间剪纸主要在家族内部和师徒间代代传承。在滨州剪纸的传统题材中，表现较多的是生活中常见的素材，有鸡狗鹅鸭、花草鱼虫、猪羊骡马等，蕴含着劳动人民对美好生活的追求，表达了剪纸艺人自然、淳朴的真挚情感。

高密剪纸形成于明代洪武年间。明初朱元璋下旨移民，山西、河南、河北、江西等地各有一些民众迁入高密。移民过程中各地风格的剪纸艺术被带到高密，经过多年的交流融合，逐渐形成朴拙、粗犷的艺术风格。高密剪纸主要用来制作窗花、墙花、灯花、门笺、喜花、服饰花、鞋花和随葬花等，制作一般不打草稿而放剪直下，常用锯齿纹和挺拔的线条相结合来构成形象。在创作构思上一般采用象征和寓意的手法，使作品既有美的视觉享受，又有丰富的

《项羽》 王恩立

《卖货郎》 孙秀芹

《和合二仙》 邹翠芝

《喜气洋洋》 齐秀花

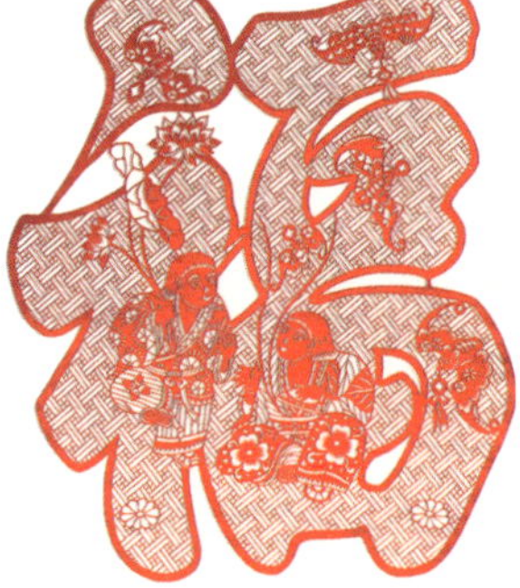

《和合二仙福》 李金波

想象力，如用桃子象征“长寿”，石榴象征“多子”，鸳鸯象征“爱情”；用谐音的方法展现内容在剪纸中也常见，如莲花和鲤鱼表示“连年有余”，喜鹊和梅花表示“喜上眉梢”等。其题材范围非常宽泛，从神话传说、历史故事，到戏曲人物、花鸟草虫等都是表现内容。高密剪纸以“把样”和“熏样”为主要传承手段，依靠口传心授的方式代代相传，在广大农村经几代民间艺人的传承、提炼、创新，创作出一大批构图严谨、造型优美、格调高雅的剪纸精品。

烟台剪纸历史悠久，在民间广泛流行。当地百姓常利用谐音、双关等手法来表现吉祥喜庆的寓意，特点鲜明，风格各异。荣成、文登一带的剪纸粗犷大方、浑厚朴实，多用乌黑的胶皂纸剪成鱼、虫、鸟、兽等，作为器物的装饰；莱州的剪纸线条细腻，作品小巧玲珑、纤丽多姿；蓬莱一带的剪纸则以大片虚实对比的表现手法为主，使画面十分生动，剪出的人物感情充沛，花、鸟、虫、鱼栩栩如生。烟台剪纸主要包括单色剪纸、勾绘染色剪纸、拼色剪纸和衬色剪纸四种类型。传统的单色剪纸多以红纸剪制而成；勾绘染色剪纸在剪的基础上勾勒墨线，再施以色彩；拼色剪纸是以各种色纸剪制的局部内容拼贴成完整的作品；衬色剪纸也称“纸衬剪纸”，制作时先用黑纸镂刻出基本形象，而后在镂空处衬贴各种色纸或染色，色彩艳丽，对比强烈，装饰性极强。

剪纸是根植于生活的技艺，一剪一刀中，老百姓的生活情感多了一种表达、多了一种呈现。剪纸承载着中华民族的历史情感与记忆，作为中华民族传统文化的一个缩影，在发展中不断精进。随着剪纸技艺的拓展与普及，剪纸已经不局限于传统的表现和装饰方式，各种主题性、创意性剪纸作品层出不穷，大大丰富了剪纸的创作空间。

# 山东草编

陈　静

草编是以草本植物为主要原材料的一种传统编结技艺。草编工艺品朴素雅致、做工精细，具有浓厚的自然气息和朴素的乡村味道，带给人一种亲近自然的温馨感觉。作为在中国民间十分普及的一种传统手工艺，草编有着广泛的群众基础，具有很强的实用性和装饰性。

草编在中国分布很广，原材料资源丰富，常用的原料有麦秸草、棕丝、玉米皮、芦苇、龙须草、蒲草、茅草、黄草、金丝草等。各地民间艺人因地制宜，因材施艺，充分利用草本植物柔韧的秆、皮、芯、叶、根，创造和总结出编、结、辫、扣、扎、绞、缠、网、串、盘等编结技法。按编织物的用途分类，可以制成篓、筐、盒、盘、箱、包、套、垫、笼、盖等日用品；也可以制成草帽、草鞋、蓑衣、凉衫等衣着类产品；还可以制成草编玩具、草屏风、草墙纸、草毯、草灯等装饰类产品。这些草编产品在

《蒲草团》 刘永峰

《老蒲团》 刘永峰

加工过程中，有的先将草料染色，编织出各种图案；有的则编好后加印装饰纹样，既经济实用，又美观大方。

草编在中国民间流传甚广，种类繁多，花色各异，且各具地方特色，主要有河北、河南、山东的麦草编，上海、广东的黄草编，浙江的金丝草编，湖南的龙须草编等。山东草编遍及全省，较集中的几个地区是烟台、潍坊、滨州、聊城等地。2006 年 12 月 30 日，莱州草辫技艺被列入山东省第一批省级非物质文化遗产名录；2008 年 6 月，山东草编（莱州草辫）被列入第二批国家级非物质文化遗产名录。2009 年 9 月 27 日，枣庄市薛城区庞庄麦秸手编技艺、垦利县黄河口民间草编技艺、博兴草编被列入山东省第二批省级非物质文化遗产名录。2013 年 5 月 7 日，平度草编、文登草编、河东汤河草柳编被列入山东省第三批省级非物质文化遗产扩展项目名录。

莱州草辫起源地莱州沙河镇一带，是中国草编织品早期的集散地，也是非物质文化遗产地，至今仍是草编生产十分活跃的地方。《莱州市志》称，明代沙河一带的草辫经直隶、豫州等地在国内传播。鸦片战争后，莱州草辫成为中国最早进入西方市场的商品之一，曾在 1915 年美国旧金山举办的巴拿马太平洋万国博览

《蒲草垫与收纳筐》 文寅超

《一帆风顺》 刘永峰

会上获得过特别奖，被誉为“世界最优质的草辫”。莱州的花样辫，以其工艺规矩、制作精美在国内外享有盛名，草垫、草帽、草盒等草编制品也都具有浓郁的传统特色。20 世纪中叶以来，莱州草辫发展迅速，草辫的花样品种也增加到 2000 多个，全国各地都有人到沙河学习草辫工艺。在莱州，草辫成了许多农民家庭收入的主要来源，为莱州农村经济的发展做出了重大贡献。

博兴草编沿袭传统，创新发展，因草编品种多、产量高、普及面广而美名远扬，被山东省文化厅命名为山东“草编民间文化艺术之乡”。博兴地处麻大湖之滨，盛产苇草、蒲草、三棱草，有着悠久的民间手工草编历史，是我国主要草编产区之一，制成的草编工艺品种类繁多、花色各异，具有浓厚的地方特色，主要有蒲草盒、果盘、吊篮、蒲草垫、玉米皮垫、草轮花垫、蒲草鞋等，还有利用麻大湖的苇草编制的苇箔、苇席、苇帘以及各种家居产品。目前，博兴县的草编制品有几十大类 2000 余种，远销美国、日本、法国、丹麦、荷兰、瑞典、泰国、新加坡等 20 几个国家。

除了上述的草编产品，还有郯城琅琊草编，烟台的麦秸秆编织品、玉米皮编织品，海阳、乳山等地的玉米皮地毯，海阳的马莲垛提篮，龙口的缠杆提篮，招远的玉米皮门帘，潍坊昌邑县的

《筐》 高丕霞

《玉米皮三色圆斗》 曲振宇

《沙滩帽》 李霞

《蒲墩》 李霞

《高瞻远瞩》 李昕（李氏草编）

《棕编龙虾》 孟召芝

《双鹤起舞》 李昕（李氏草编）

手编草帽等，都是当地特色的草编制品。山东草编这一富有深厚历史和民间传统的工艺品，在富有创造力的艺人手里，成了富有时代风采的现代民间手工艺品。

草编艺术经历了历朝历代劳动人民的创造和发展，以淳朴的风格、精湛的技艺、浓郁的乡土特色，形成了独特的艺术风格。草编作为非物质文化遗产的一个重要项目，社会的发展赋予了它新的时代内涵。随着环境问题越来越受到人们的重视，绿色环保家居用品成为时代发展的必然趋势。

草编制品具有材质轻、透气性好、成本低、绿色环保等优势，市场潜力巨大。我们应加大草编产品的设计研发和推广，在传承传统草编技艺的基础上，依据现代工艺和审美，增加时尚元素，使其更好地融入现代生活，使草编文化朝着更加时尚、现代、健康、环保的方向持续发展。

# 山东柳编

陈 静

柳编是中国民间传统手工艺品之一。柳条以其柔软易弯、粗细匀称、色泽淡雅的特点，被手巧的艺人编织成各种朴实自然、造型美观、轻便耐用的日用品和家具。柳编不仅体现了劳动人民朴素的审美观念，还具有宝贵的文化内涵和艺术价值，是我国重要的非物质文化遗产。

柳编的起源可追溯到旧石器时代早期，人们在采集作物的过程中，用有韧性的植物制作各种容器和包装物来满足生活需要。从奴隶社会开始，柳编就已经在人们生活中普遍使用，成为人们日常生活中不可缺少的生活器具之一。春秋战国时期，用柳条编成杯、盘等生活用具，外面涂上漆，称为杯棬。在唐代，沧州的柳箱就已很有名。宋代，人们取杞柳的细条编制箱子。

《荷韵》 刘均堂

《花瓶》 刘均堂

《文件包》 李华

《干果筐》 刘均堂

《篮》 许贵强

随着人们生活环境和生活方式的变化，柳编工艺不断精进，柳编类型也在不断拓展。柳编原料一般选取当地的杞柳、柽柳、倒垂柳等。柳编制作需要经过柳条的采集、泡制、修条、编制、熏染、晒晾等多个步骤，其中饱含了手艺人的精心设计和辛勤劳动。

柳编在我国主要分布在汉江流域和黄淮海地区，湖北、山东、安徽被称为中国三大柳编生产基地。20 世纪 60 年代，中国柳编工艺品开始出口，渐渐成为部分地区出口创汇的项目，推动了柳编市场的进一步发展。如今柳编作为中国传统工艺，产品远销美国、日本、韩国、德国等 20 多个国家和地区，在国际市场上享有盛誉。

世界柳编看中国，中国柳编看山东。山东柳编以其技术精湛、造型优美、花样齐全、坚固耐用著称。山东的柳编主要分布在滨州、烟台的莱州、菏泽、临沂等地。2009 年 9 月 27 日，滨州博兴县、菏泽曹县柳编编织技艺被列入山东省第二批省级

《圆箢箩》 姜仁索

《花式果盘》 解汉亮

《长箢箩》 姜仁索

非物质文化遗产名录。2011 年 6 月 10 日，博兴柳编、曹县柳编被列入第三批国家级非物质文化遗产扩展项目名录。2013 年 5 月 7 日，临沭柳编、河东汤河草柳编被列入山东省第三批省级非物质文化遗产扩展项目名录。

博兴县兴福镇是远近闻名的“柳编之乡”，在那里一直流传着这样一个民间传说：800 年前，有一王姓青年勤劳善良、心灵手巧，有高超的编织手艺。他编、拧、织、系，无所不能，编制筐、篮、篼、篓，巧夺天工，人称“王缠”。他游乡串里，为民传艺，后人尊崇他为编织业先师，至今人们仍塑其像、燃香火纪念他。虽然这只是个传说，但柳编这一民间技艺却一直在当地群众中家族相传、邻里相授、世代传袭。

博兴柳编工艺主要分布在麻大湖畔和锦秋街道。博兴的柳编产品手感柔软，经济环保，有着鲜明的地方特色和艺术特征，是山东省著名的传统工艺品。2008 年，博兴县被国家文化部命名为“中国民间草柳编艺术之乡”。

《双耳玉坛》 解汉亮

《百口金鱼》 李华

由简单的生活器具的编织，到各种篮类、筐类、鞋类、垫类等具有审美效果的生活用品的生产，产业不断发展壮大。博兴的手工编织除了柳编外，还有草编、蒲编、苇编、条编等门类，品种达到几千个之多，花色款式新颖别致。

曹县柳编主要分布在倪集乡岳楼村、魏庄村和古营集镇。曹县盛产杞柳，为柳编的发展提供了充足的原料，当地民众就地取材，以柳编为生，父子相承，将柳编技艺传承至今。杞柳具有皮薄、柔韧、洁白、实心、着色力强等特点，当地百姓常利用自家种植的杞柳条，编筐、编斗以满足家用，有时也会将编好的筐、篓等拿到集市上销售，换取生活用品。曹县柳编的主要品种有轻巧的食篮、菜筐、果盘、箩筐、簸箕以及动物造型的篮筐，还有形象别致的花篮、礼盒、壁挂等艺术品，造型富于新意，色泽洁白光亮，装饰简练美观。柳编的材料为可再生资源，绿色无污染，因而深受欢迎。

临沭柳编已有1400多年的传承历史，有“中国柳编之都”之称。明朝永乐年间，青云、白旄等地村民就将杞柳编织成篼子、笊篱、

《奔牛》 杨进邦

《老虎》 杨进邦

箱篓等工具，供生产和生活使用。1973 年，临沭县柳编产品被列入国家首批柳编出口计划，打破了我国柳制品出口的空白。临沭柳编产品主要有柳篮、柳筐、藤筐、柳盘等。2010 年 10 月 21 日，“临沭柳编”地理标志证明商标在国家工商总局商标局通过注册并取得使用权。

随着近年来国际市场对绿色、环保、手工编织产品需求量的不断增加，柳编业开始向规模化、现代化方向发展，传统柳编行业正在向家居用品、工艺品装饰市场中挖掘发展潜力、拓展发展空间。建立品牌、开发产品、打造精品、提高价值是柳编发展的趋势。我们期待更多优秀的柳编作品来装点现代生活，让中国传统柳编技艺得到更好的传承与发展。

# 淄博刻瓷

陈 静

刻瓷，也称瓷刻，是用金刚石等硬质材料制作的刀具在瓷器釉面上进行雕刻的技艺，人们形象地将其比作瓷器上的刺绣——“瓷上锦绣”。刻瓷是具有中国特色的民族传统工艺，2013年5月7日，淄博刻瓷被列入第三批山东省省级非物质文化遗产名录。

中国的刻瓷艺术最早源于秦汉时期剥凿瓷釉的“剥玉”。从魏晋开始，随着陶瓷业的发展，大量精美瓷器出现，人们在玩赏瓷器之余，还想把咏诗题文的墨迹留下来以便保存，便在施釉前的瓷坯上，用直刀单线刻出诗文书画的轮廓，形成了最初的瓷刻。宋代定窑瓷器的装饰，就是在瓷坯上刻出花纹后施釉烧制的典型代表。

真正的刻瓷始于清初，到清代中期，已经成为

《猫趣》 尹大中

《荷花》 尹干

《江山如此多娇》聂怀武

一种独立的装饰艺术。相传，康熙皇帝喜好瓷器，常在瓷器上题字或盖印章作记。为使御迹长期保存，宫中御师就把皇上的题字或印章仿刻在瓷器上，成为早期的刻瓷形式。当时受刀具材料的限制，大多以平刻为主，主要表现文字和简单的绘画，艺术表现力单调、平实。后来朝廷在皇宫中设置造办处，专门制造宫廷使用的工艺品，使刻瓷技艺有了飞速的发展，可以让雕刻在器皿上的山水、花鸟、草虫等栩栩如生。光绪二十八年（1902 年），清廷农工商部工艺局学堂设镌瓷科，专门培养刻瓷人才，这一举措为刻瓷艺术的发展奠定了基础。改革开放后，瓷刻艺术进入了辉煌发展时期，刻瓷作品被定为国礼，作为国家领导人外事活动的礼品。国家的重视，推动了瓷刻的进一步发展，北京、上海、淄博、青岛、南京等地刻瓷技艺人才辈出，其中以淄博的刻瓷艺术最为成熟。

淄博是中国刻瓷的重要产地之一，当地发达的陶瓷业为刻瓷提供了丰富的原料资源。淄博刻瓷具有陶瓷材质新、种类多、品

《夜思》 尹大中

《男士肖像》 高维刚

《伯恩斯坦》 高维刚

种全的特点，同时还有众多技艺精湛的陶瓷艺术家和具有开拓创新精神的工艺美术大师，为刻瓷行业的发展提供了源源不断的动力。当地政府十分重视刻瓷行业的发展，对刻瓷的发展给予了大力支持。1990 年，淄博市成立了刻瓷艺术家协会，同年 12 月，淄博市老年刻瓷协会诞生。2003 年山东省陶协刻瓷专业委员会和中国陶协刻瓷文化研究会成立。2006 年建立起全市第一个刻瓷艺术品展览馆。2016 年 9 月，淄博源一刻瓷艺术博物馆在淄川揭牌。淄博每年有近万件刻瓷作品从淄博流往海内外，加深了中华文化的对外传播与交流，带动了刻瓷技艺的飞

《鲁青瓷 6 头文具微刻〈论语〉》 张明文

速发展。

淄博刻瓷以瓷为本，以刀代笔，是集书法、绘画、篆刻为一体的综合艺术。它吸收了我国传统的绘画技艺，博采众家之长，具有独特的艺术创作语言，形成了精致、庄重、古朴、典雅的艺术风格。刻瓷艺人在进行创作的时候，先选择合适的器型，因材施艺，然后在瓷器上绘制底稿，照稿刻錾，最后在刻好的画面上按设计敷彩。刻瓷主要选用特制的金刚石、合金钢刀具，在烧好的瓷器上錾刻出丰富多彩的艺术形象，这就要求艺人必须有深厚的书画功底、娴熟的刻瓷技艺，综合功力不够

《小桥流水人家》 孟广健

《瑞境宜翔》 王一君

《云梦无尽》 王一君

《尼日利亚总统奥卢塞贡》
罗晓东

《天行健》 国大晖

《自称臣是酒中仙》 于旭光

是达不到所要表现的意境的。

淄博刻瓷表现的题材多以传统国画为主，山水、人物、花鸟、诗文都是常见的内容。作品多以写实创作为主，人物表现精致细腻、形象生动。这种刻制工艺，无论是人物、山水、花鸟，还是书法、篆刻，都可以用千变万化的刀法表现出来，这样既有金石趣味、又有笔墨气韵的作品，具有其他绘画艺术形式难以达到的艺术效果。

由于刻瓷艺术融合了篆刻、金石、绘画、书法等艺术特点，具有独特的艺术风格、较高的欣赏与收藏价值，近年来，淄博刻瓷市场发展迅速，从事刻瓷的工作者日益增多，使刻瓷艺术

《敦煌归真》 张明文

《敦煌乐舞》 司继城

有了更广泛的群众基础，不仅是刻瓷艺术家在从事刻瓷艺术工作，还有众多美术爱好者加入到这个队伍中来，刻瓷艺术逐步深入大众，成为大众艺术。

随着刻瓷行业的迅速发展，刻瓷作品原创性的保护力度需进一步增强。只有不断提高刻瓷的专业化水平，研发实用新型产品，扩大消费群体，才能让刻瓷艺术真正深入人们的生活。

# 山东民间布老虎玩具

伏倩倩

在中国民间广为流传着一种独具特色的玩具——布老虎。2008年6月7日，布老虎被列入第二批国家级非物质文化遗产名录。我国大部分地区都有布老虎，主要产地有山东、山西、陕西、河南几省，不同地区的布老虎呈现出各自不同的特色。

龙和虎是远古时代最具代表性的图腾，龙成为中华民族的象征，“龙文化”对中华民族影响深远；老虎是百兽之王，老百姓对虎的崇拜早在原始时期就有了，虎也被很多部族尊奉为图腾。虎，谐音“福”，是现实中存在的一种动物，在中国人的心目中，老虎威武勇猛，寓意吉祥，是一种瑞兽，“虎文化”也成为一种非常重要的文化现象。《周易·乾卦》中有“云从龙，风从虎”的说法，因龙飞于天，虎行于地，龙虎结合成为雄伟强盛以及权威的象征。先秦时期，《山海经》中也早已有虎的记载：度朔

布老虎

山上居住着两位神仙，一个叫神荼，一个叫郁垒，他们镇守着万鬼出入之门，遇有“恶害之鬼”，就用苇索捆住送去喂老虎。由此，老虎在神话中就获得了重要地位。汉代，新年之际，神荼与郁垒两位神仙会被画在门上，与此同时也画上虎。古人认为虎属阳，“性食鬼魅”，老虎在明处可吓跑鬼怪，这种观念也在民间产生了重要作用。汉代之前的很长一段时间里，有关虎的纹饰一直为上层统治阶级所专用，汉代之后有关虎的艺术形象才普及到民间。

虎是中国民俗文化中具有代表性的文化符号，蕴含着中华民族上千年的文化智慧。虎被看作勇猛无敌的强者，人们也把虎看

《乖乖虎》 刘娜

作生命的保护神，并赋予它能够祈福辟邪的美好愿望，希望虎能够保家镇宅、驱邪避害、保护幼小。

山东地区的布老虎充满浓郁的乡土气息，其造型特征多为脑袋大、眼睛大、嘴巴大而四肢和身体较小，造型夸张，既有威猛的神态，同时又生动可爱，充满稚气和天真。在色彩上，多为红、黄两种主色调，也有黑、白、青、花和蓝色，色彩对比强烈、明快。布老虎的样式也有多种，有单头虎、双头虎、四头虎、枕头虎、套虎等。在布老虎制作材料上，多为棉布或丝绸，也有麻布、绒布等材料；在老虎的装饰上，手法材料多种多样，有剪贴、刺绣、彩绘、印花等；内部的填充物也不同，有棉花、锯末、谷物以及中药材等。布老虎既是一种节令玩具，又可以当摆件。在山东，还有一种习俗就是孩子满月或过周岁生日的时候，姥姥家要送布老虎，通过布老虎来为新生命送上最美好的祈愿和祝福。端午节时，街边也会有小挂虎售卖。

山东各地的布老虎都各具特色。博兴的布老虎历史悠久，艺

《五虎上将》 刘娜

人代代相传。其造型朴拙、体态憨厚，多以红、黄、绿三色为主，色彩浓艳，突出喜庆色彩，具有较强装饰效果。它根植民间，与百姓生活与思想密切相通。即墨的布老虎清秀雅致，主要用刺绣布贴。拟人化的五官饱满夸张，粗眉圆眼，大嘴利牙，加上彩色丝线胡须，显得威猛可爱。沂水的布老虎多利用边角布料制作，造型夸张、朴实，色彩鲜艳，充满喜庆，有较强的装饰性，追求神似，体现出一种民间文化心态。沂水布老虎多用黑、白、青、花、蓝色土布及印花布料制作，色彩对比鲜明，填充物有桃枝、菊花、艾草、雄黄、朱砂、当归等中药，除了取镇宅辟邪的寓意外，还有祛风湿、安神醒脑、驱虫等药效。莒南布老虎色彩鲜艳，一般后背用姜黄色布，肚皮用桃色布，用红、绿、褐等色染料描绘花卉纹样虎纹。在胶州有着这样的说法："摸摸虎头，吃穿不愁；摸摸虎嘴，驱邪避鬼；摸摸虎背，荣华富贵；摸摸虎尾，十全十美。"在农村，布老虎既是玩具又是枕头，无论是白天还是晚上，都在默默守护着成长中的孩子，保佑他们虎虎有生气、健康成长。如今，制作布

《布老虎》 耿红梅

老虎的手艺人日渐稀少，布老虎技艺传承面临困境。

虎文化在中国有着悠久的历史，布老虎承载着中国传统文化的深厚内涵，是中国物质文化和精神文化的一种体现。布老虎也是民间智慧与创造精神的体现。如今，民间关于虎的风俗正面临着逐渐消失的险境。国家对非物质文化遗产保护意识提升与重视的同时，对民间传统手工艺的保护与开发也刻不容缓。保护与传承需要相关部门重视起来，深入农村进行大量田野调查，对传统手工艺的源头进行记录与探索，强化创新意识；同时注重传统与现代的结合，开发并丰富相关衍生产品种类，拓展销售渠道。相信通过各方面的努力，传统民间手工艺一定会开辟出新的更广阔的生存空间和发展道路。

《布老虎》 陈玉萍

《印花虎》 刘娜

《布老虎》 耿红梅

《福寿》 刘娜

# 郯城木旋玩具

伏倩倩

中国传统民间玩具历史悠久，品种丰富。在汉代史料中也记载了数种玩具。中国传统民间玩具的创造是民间智慧的体现，具有深厚的民族文化底蕴。传统民间玩具制作材料种类多样，有泥、面、木、竹、纸、布、金属、羽毛、皮毛、农作物等；制作方法有捏塑、削刻、编织、缝缀等。中国传统民间玩具也有着详细的分类，如岁时节令玩具、人生礼仪玩具、生活游戏玩具等。

玩具是一种文化符号，记录着社会发展到一定时期的历史文化。不同地域有着不同的文化习俗和文化特色。临沂郯城的木旋玩具一直是沂蒙山地区儿童喜闻乐见的玩具，是一种古老的传统手工艺品。2014 年 11 月 11 日，郯城木旋玩具被列入第四批国家级非物质文化遗产代表性项目名录。

郯城木旋玩具俗称“耍货”，始创于明代前后，

《棒棒人》 樊继美

《木旋玩具》 樊继美

至今有600多年的历史，主要集中于郯城县港上镇樊埝村。相传樊氏祖先樊木逃荒到山东沂水河畔，并在此落户，迫于生计学艺并掌握精通多种技艺，逐步创造出较为简单的木制玩具，樊氏后代又不断研发和创新，木制玩具种类逐渐增多，制作规模也不断扩大。樊埝村的祖先就地取材，依靠聪明才智创作出的玩具，具有浓郁地方特色和典型的地域文化特征。

郯城木旋玩具制作的木材有杨柳木、梧桐木、银杏木等，其制作过程比较复杂，不同品种的玩具制作过程不同，但有一个共同的特征，就是“以旋为主”，大部分部件的制作都是在旋床上完成。制作中对旋制技术要求较高，制作者需要有丰富的经验。旋床，当地俗称“旋床子”。旋床从最早木制的手拉脚蹬到电力代替人力，再到现在的机械车床，经历了几个时期的变迁和技术进步。除了旋床，还有刀具、毛笔等辅助工具。

木旋玩具品种众多，有摇晃类玩具，如哗啦棒槌、虎头棒槌、拨浪鼓等；有牵拉推动类玩具，如小燕车、击鼓车等；有舞耍类玩具，如刀枪、棒槌等；还有高低棒棒人、不倒翁、陀螺、花篮等。木旋玩具有很高的玩赏性，如摇晃类玩具哗啦棒槌，其造型简单，

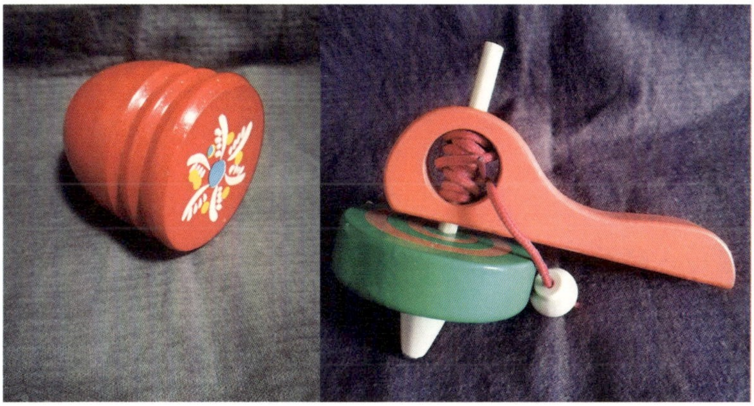

《陀螺》 樊继美

《虎头棒槌》 樊继美

《不倒翁》 樊继美

一根小木棒与主体部分通过插接连接在一起，内部留出一定空间，放入沙粒或豆粒等，通过晃动发出声响，对婴幼儿反应能力训练大有裨益；牵拉推动类玩具的小燕车由车和燕儿组成，可以通过推拉小车发出响声，燕子的翅膀也会随之振动，小燕车结构利用传动原理设计，制作十分巧妙，尤其适合会走路或刚学走路的儿童推拉玩耍；棒棒人和不倒翁等玩具的结构特殊，是在木旋工艺过程中将头部与身体结合在一起的。高棒棒人为男孩，低棒棒人为女孩，二者造型与装饰都有区别。木旋玩具各个品种的工艺和造型都独具特色，并适合不同年龄儿童玩乐。

木旋玩具图案多取材于汉族民间神话故事、历史故事等，造型精致巧妙、夸张传神。图案所用颜色多为桃红、草绿、艳黄等较艳丽的色彩，富有浓郁的乡土气息。鲜艳的色彩是生命旺盛的一种象征，也体现了人们的审美喜好和对幸福生活的向往。每一种木旋玩具的独特造型、鲜艳色彩、富有寓意的图案、清脆的声响和美妙的动态共同呈现出一个独特而完整的作品，传达出一种文化信息。如虎头棒上虎头纹样的运用，体现出远

《击鼓车》 樊继美

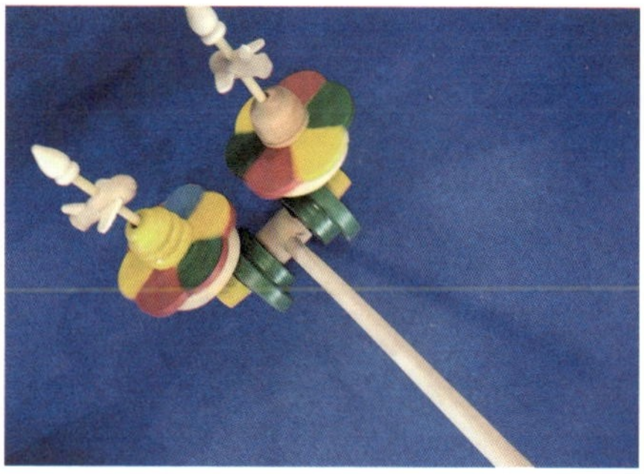

《木旋玩具》 樊继美

古时代人们对物象的崇拜之情，或者说是赋予动物一种神性。与很多对图腾的崇拜一样，虎纹可以说是当时人们对虎的一种原始崇拜，有辟邪、保护儿童的寓意。郯城木旋玩具反映了鲁西南地区的风土人情和文化价值观念，呈现出特定的时代文化特征，体现了中国传统文化内涵。

20 世纪七八十年代起，郯城木旋玩具的制作以樊继美为代表，生产京剧脸谱和木偶人。在他的带领下，木旋玩具制作完成了由手工向机器生产的转变。樊继美的制作技艺精湛、作品形式全面，并且依然坚持在木旋玩具制作技艺中不断钻研创新，如今樊继美的儿子也继承了木旋玩具制作技艺。

随着社会不断发展带来的技术和材料的革新，木旋玩具与其他传统玩具正逐渐被各式各样的现代玩具所取代。现如今，从事传统木旋玩具制作的人越来越少，品种也越来越少。我们要想将这些承载于玩具中的宝贵的文化艺术继续传承下去，就要思考传统玩具在当代审美视域下、现代生活方式中如何进行传承与创新，如何将现代设计融入传统工艺并与之完美融合。

# 伏里土陶

伏倩倩

土陶艺术来源于民间，历史久远。伏里土陶出自山东省枣庄市山亭区西集镇的伏里村，其历史可追溯到5600年前的大汶口文化中晚期。据龟山伏羲庙的资料记载，伏里村是伏羲的故里，这里有伏山、伏羲庙、北辛文化、龙山文化的遗存。伏里土陶融合了原始社会新石器时代的型制、浓郁的汉代风韵以及南北朝艺术的特点，是中国民间土陶艺术的典型代表，具有较高的历史和文化艺术价值。2009年，伏里土陶被列入山东省省级非物质文化遗产名录。2013年7月12日，原国家质检总局批准对伏里土陶实施地理标志产品保护。

伏里土陶能够延续5000余年并能够保持其一脉相承的风格，与其模制工艺有着密切关系。近代以来，从事伏里土陶的艺术工匠并不多，而擅于制作

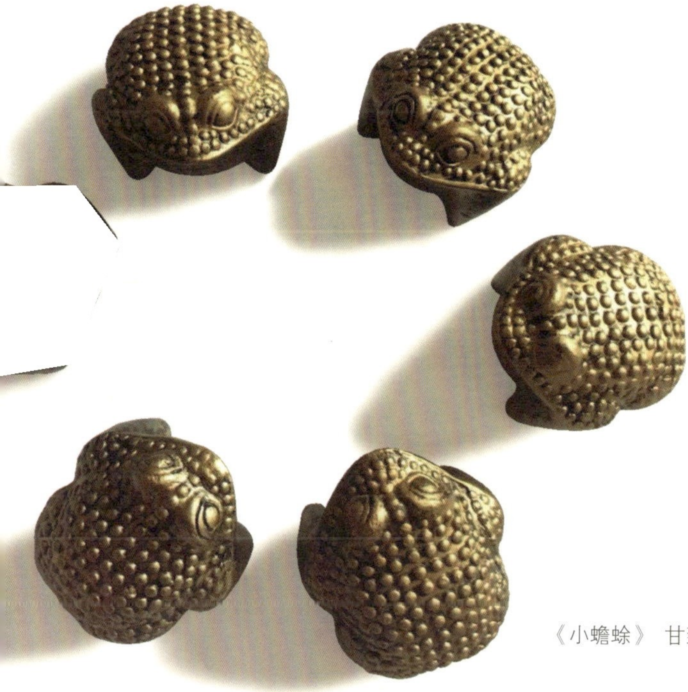

《小蟾蜍》 甘致有

《龙山鬶》 甘言军

《蟾蜍》 甘言军

模具的艺术工匠更少。著名的工匠有刘三（大名刘玉贵）、张太昌、甘家生、于志海、于志红、家争嫂、甘志恩等。他们在继承传统技艺的同时，还从绘画、舞蹈、剪纸以及雕刻等其他艺术形式中借鉴表现手法，促使伏里土陶艺术日臻成熟。其中，著名匠人刘三（1872—1962）制做的狮子模具受到所有制陶工匠的喜爱，据说他一生做了约5000副模具，广受尊重。在伏里土陶面临绝迹的境况下，伏里土陶现代传承人、时任枣庄市山亭区西集镇文化站站长的甘致有经历了重重困难，广泛搜集模具，学习多种与制陶相关的学科，拜访了上百名制陶工匠，反复探索制陶方法，还原了祭祀、赏玩和生活用品三大类土陶的面貌，为伏里土陶的抢救、传承与发展做出了重要的贡献。

《笑口常开瓶》 甘言军

《多子多福多寿瓶》 甘言军

如今，伏里土陶的产品分祭祀、赏玩、生活用品三大类上百个品种，流行的有30多个品种。

祭祀用品类有香炉、香案、香筒、碟器、狮子造型等。其中，香炉在造型上类似新石器时代的鼎。香案两边画面用字饰缀，一面是“三义和”，一面是“福”和“寿”，寓意深远。香筒既可以是祭祀中盛放燃香的器具，亦可当作观赏品，同时还可作书画用笔筒，装饰吉祥植物、动物纹样，也有文字吉语。狮子模具是刘三制作的模具中侥幸留下的，大站狮眼睛呈圆球形、两耳直立、狮尾上翘，表情丰富、威而不凶，装饰旋涡纹、菊花纹、莲花纹等，狮子的造型也汲取了其他民间艺术的优点。

赏玩类有陶狮、蟾蜍、陶虎、陶羊、孩儿枕、泥哨、陶鬶等，其中最具代表性的产品是蟾蜍，又名“辟邪”，汉代以后民间有“得大蟾，必大富”的说法，蟾蜍本身也具有深厚的文化底蕴。伏里土陶的蟾蜍造型，浑身长满疙瘩（又叫乳钉），背部装饰有“辟邪”“驱毒”等字样，嘴下面有四句驱毒辟邪的咒语，眼周围和腹部用玄纹、线条纹等饰缀，造型古拙、饰缀别致。

生活用品类有汉纹罐、灯台、钱闷子、阖盆、八角松枝盆等。汉纹罐是一种贮藏蔬菜种子的盛器，一般用线或绳系起来挂在房梁上，防鼠防潮，造型粗拙，装饰回纹、旋纹、乳钉纹等。灯台一般分三层，上层放灯，中层是手握的部分，底层放火具。钱闷子，也就是我们现在的储钱罐，有狮子、蟾蜍等造型。阖盆是用来盛食物的，如糕点糖果，上面有装饰着各种图案的大盖，亦可作观赏器物。八角松枝盆则是古代妇女用来梳妆的用具。

伏里土陶造型保留着原始的特点，在其发展过程中有借鉴也有独创，具有质朴、自然、荒诞等特征，体现了当地艺术特色与审美追求。在装饰表现手法上与民间典型的饰缀花纹一脉相承，简明、质朴。纹饰饰缀手法以线条纹、回纹、旋纹、鱼鳞纹、乳钉纹等为主；饰缀图案以菊花、莲花为主，还有人、狮、蟾蜍、鱼、鸟、马以及天象等图案。伏里土陶工艺流程包括取土、制泥、做坯、晾晒、烧制、出窑、彩绘等多道工序，每道工序都有严格的要求。

源于生活的伏里土陶体现出其独特的文化内涵，如鸟图腾文化、生殖崇拜、吉祥寓意等，都对器物的创制有所影响，它同时是山东土陶中较为稀有的艺术品种。

伏里土陶独特的艺术表现形式体现了当地民间艺术的传统特色和艺术特点，具有重要的观赏、学术和考古价值。目前，伏里土陶和其他传统工艺一样，同样面临着传承与发展的问题，

《四不像》 甘言军

文化产业相对薄弱、产业结构不够完善、品牌少、经营分散等问题亟待解决。如何使这一传统工艺及其背后所承载的深厚的文化内涵在现代社会产生更大的影响力和变革创新动力，如何将文化资源优势转化为产业优势等，都是今后需要思考的重要问题。

# 潍坊风筝

伏倩倩

潍坊风筝历史悠久，制作工艺精湛，是山东潍坊传统手工艺珍品。2006 年 5 月，潍坊风筝制作技艺被列入第一批国家级非物质文化遗产名录。

“草长莺飞二月天，拂堤杨柳醉春烟。儿童散学归来早，忙趁东风放纸鸢。”这首我们耳熟能详的诗生动地描写了春日农村特有的明媚、迷人的景色，以及一群活泼的儿童在大好春光里放风筝的生动情景，全诗洋溢着欢快的情绪。“纸鸢”，即风筝，也名“风鸢”“木鸢”，北方多称“纸鸢”，南方则称“鹞子”。据古书记载：“五代李郑于宫中作纸鸢，引线乘风为戏，后于鸢首以竹为笛，使风入竹，声如筝鸣，故名风筝。”故而不能发出声音的叫“纸鸢”，能发出声音的叫“风筝”，风筝这一名称普遍使用较晚。

《蜜蜂》 韩臻

《蝴蝶》 韩臻

《螃蟹》 韩臻

潍坊是风筝的发源地，潍坊又称潍都、鸢都。关于风筝的起源有很多传说，其中之一是飞鸟说，其源头可以追溯到鲁国大思想家墨翟制作的第一只木鸢，至今已有2000多年的历史。相传“墨子为木鸢，三年而成，飞一日而败”。后来鲁班用竹子改进墨翟的风筝材质，逐步演进成为现在的多线风筝。

在历史上，风筝的用途也有几次转变。古代风筝曾被用于军事侦察，还有进行测距、越险、载人的历史记载。到南北朝时期，风筝开始成为传递信息的工具。自隋唐始，由于造纸业的发达，民间开始用纸来裱糊风筝。至宋代，风筝已十分流行，放风筝成

《沙燕》

为人们喜爱的户外活动。清明节时，人们将风筝放得高而远，然后将线割断，让风筝带走一年所积之“晦气”，故放风筝有“放晦气”之说。元明清时期，风筝的制作愈发考究，此时是中国风筝发展的鼎盛时期。潍坊风筝兴于明初杨家埠村，清朝中期，潍坊开始出现专门从事风筝制作的民间艺人。有诗云：“风筝市在东城墙，购选游人来去忙，花样翻新招主顾，双双蝴蝶鸢成行。”另有人和诗曰：“东城墙外是白沙（白浪河大集），风筝铺子三十家”。

潍坊风筝的独特性大多通过“扎、糊、绘、放”四艺来具体表现。传统风筝的骨架为高粱秆、芦苇等，如今扎制骨架多用竹子及合成材料。扎制方法多种多样，种类有软翅风筝、硬翅风筝、串式风筝、板式风筝、立体风筝、动态风筝等。糊风筝的面料用材最早是纸，如宣纸、绵纸、高丽纸等，后加入绢绸等材料，根据不同风筝题材选用不同材料。潍坊风筝的绘画构图及设色都体现出独特的地方特色，造型不重自然形似，而是以形写神，讲究图案美；色彩纯度较高，以红、黄、绿等为基础色，色调浓艳、明快，手法有平涂也有晕染，有浓淡之分。潍坊风筝的绘制在一定程度上受潍坊寒亭区杨家埠木版年画的影响，同时具有观赏性和放飞性相结合的特点。放风筝的工具有线、线轴（线桄子）及其他附加物等。不同大小的风筝用线也有区别，放小风筝多采用缝衣线，民间用的较普遍的是棉线，也有适合放大风筝的麻线等。

随着社会的进步，潍坊风筝也在不断创新与发展，逐步形成其独特的艺术风格和特点，如造型优美、扎糊精巧、绘制精细、起飞灵活等。潍坊风筝艺术成就最为突出的是硬翅工笔人物风筝和龙头蜈蚣风筝。1986 年 3 月，民间艺人杨同科与儿孙共同扎制了长达 350 米的龙头大蜈蚣风筝，成为第三届潍坊风筝会

《大软体》 韩臻

场上的焦点，引起了全世界的关注，龙头蜈蚣风筝也成为潍坊风筝的象征性符号。近现代以来，潍坊风筝逐渐形成了以硬翅风筝为主、长串“蜈蚣”为最、软翅风筝为巧、筒子风筝为奇的造型系列，内容有人物故事、鸟兽鱼虫等。除此之外，风筝也一直在融合中国传统文化，在传统的风筝上到处可见吉祥寓意和吉祥图案的影子，如“龙凤呈祥”“百蝶闹春”“鲤鱼跳龙门”“连年有鱼”“四季平安”等风筝，因物喻义，情景交融，突出鲜明主题，构思巧妙，趣味盎然，富有独特的格调和浓烈的民间色彩。

工艺与美术的结合，文化与技艺的交融体现了风筝的玩赏价值。随着国际风筝交流的日益频繁，风筝这一古老的中国民间艺术，在新形势下蓬勃发展，国际风筝联合会的会议总部也落在了潍坊，潍坊成为世界风筝文化交流的中心。

# 棒槌花边技艺

李　霞

棒槌花边属于抽纱工种的一种，采用上等棉线，按设计样稿的布局，运用少则数十个多至上百个特制的小棒槌手工编织而成。

棒槌花边源于欧洲传统的手工花边，古代欧洲民间曾把鱼骨扎在垫子上，然后以羊脚骨为绕线管，这时所制成的花边称为骨花边，后来又称为绕线管花边。16 世纪，绕线管花边在欧洲有所发展。17 世纪，绕线管花边的生产中心是比利时布鲁塞尔，此外，意大利热那亚的绕线管花边也比较著名。18 世纪，绕线管花边几乎遍及欧洲，品种大多为内衣或手帕、衣袖的镶边等。19 世纪末，大约在 1890 年前后，棒槌花边经西方传教士詹姆士 · 马茂兰传入山东，并得以迅速发展，当时主要集中于烟台和潍坊地区，产品以出口为主。由于绕线管在当地俗称棒槌，所

《棒槌花边圆垫》

《棒槌花边椭圆形垫》

《棒槌花边心形垫》

《彩绣镶拼棒槌花边方垫》

以在中国便把此种工艺称为棒槌花边。据史料记载，历年以来烟台地区以此艺为生活的妇女数以千计。2013 年，棒槌花边技艺入选山东省省级非物质文化遗产名录。目前，该项目的代表性传承人主要有栖霞的衣香英、邹汉珍，牟平的王家卿等。

棒槌花边装饰图案，主要是利用线与线之间的编、绞、钩、拉形成的，经常使用的编织技法有平织、隔织、密龙、方结、介花、稀布、密布、双稀、介花关针、灯笼扣、苇竖花、六对抄等。主要制作工具有花边圆箅、花边接箅、花边撑子、花边样子、花边棒槌、大头针、钩针、板子布、板子包袱、绕线车等。

棒槌花边的制作工序，看起来很复杂，但操作起来并不难。

首先，把编织花边用的棉线、麻线用力抖动，防止它们粘连

《棒槌花边方垫》 邹汉珍

然后分别用绕线车缠绕在小棒槌上备用。

第二步，把花边图纸用浆糊糊在一个厚纸上面，晾干备用。

第三步，在编织时，先摆放好花边撑子，然后在上面摆上花边圆箅，再把花边图纸放在圆盘形的草垫上。

第四步，把金属大头针扎刺在图案的各个部位，用来固定编结的位置和方向。

第五步，把小棒槌棉线的线头拉出来，固定在图纸的一定部位。棒槌的数量根据产品的规格和图案而定，少的时候有十几个，多的时候会用到上百个。

第六步，手拿小棒槌，根据图案的形状，以大头针为支点将棉线进行扭绞、缠结编织成花边。不同的图案会有不同的编织技法。手艺人以手指灵活操纵众多棒槌，或左右翻滚，或上下跳跃，循序渐进，不断变换位置，从而编织出各种图案。

《棒槌花边椭圆形垫》 邹汉珍

《棒槌花边圆垫》 邹汉珍

最后，拔去大头针，把花边从草垫上取下来，整烫之后便成为花边单片。

棒槌花边按产区和产品风格可分为烟台棒槌花边和青州府花边两类。

烟台棒槌花边以栖霞为主要产区，所以又有栖霞花边之称。在 20 世纪 40 年代以前，烟台棒槌花边主要品种是花边单片，消费者买去后，可以自行镶拼于服装或台布上，当时称为件货。1950 年以后，除生产件货外，还拼缀成台布、床罩、被套、枕套、盘垫、钢琴罩、沙发套等产品，图案以装饰性花卉为主。牟平盛产的棒槌小花边又称长条花边、辊子花边、码花边，花边精细匀称、光洁整齐，风格淡雅古朴、美观大方，主要用于装饰手帕、服装、枕套、被单、窗帘等。20 世纪 80 年代，牟平生产的宁海洲牌棒槌花边以工艺精湛而闻名，获得中国工

《棒槌花边圆形垫》

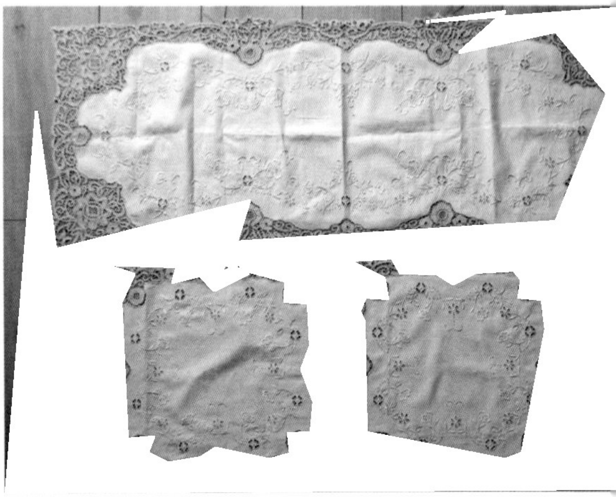

《手绣镶拼青州府花边三件套》

艺美术品“百花奖”银杯。

青州府花边产于益都（今青州市）、临淄、广饶等地。因益都古称青州府，故名；又因以生产西式台布和餐巾成套产品为主，所以又称青州府大套。青州府花边的编织技法以呈带状的“密龙”为主，以带形的回旋、穿插构成图案。题材有花卉、鸟兽、水果和神话人物等。花边编成单片后，经过拼缀，组合成大规格的台布、床罩。产品远销意大利、瑞士、美国、联邦德国等十多个国家。青州府花边线细工精，通体镂空，风格富丽堂皇，曾获得“抽纱之王”的美誉。

棒槌花边图案清新，制作精美，既是高档的日用装饰品，又是精美的艺术欣赏品。在传入中国的100多年里，已融入当地优秀的民俗文化元素，深深地植根于老百姓的生活中，不仅蕴含了当地人的审美观念，也折射出胶东和青州地区特有的民俗风情。棒槌花边的传承没有具体的师承关系，大多是亲代相传，由母亲或奶奶口传心授，并靠长期的实践而学成技艺。笔者曾于2013、2014年暑期带领学生调研山东抽纱技艺现状，深

《生肖猪》 邹汉珍

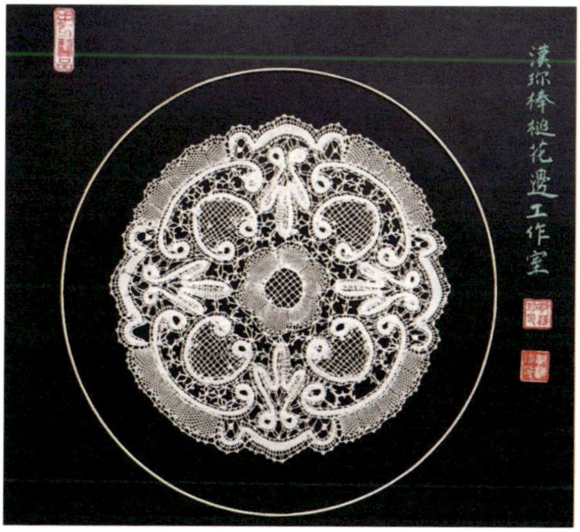


《棒槌花边圆垫》 邹汉珍

刻了解到因各种复杂原因而导致传承后继乏人。但在烟台、青岛地区，无论是花边单片，还是以花边为装饰制作成的精美日用品，这些抽纱精品深藏于街巷的特色手工艺品店铺，被小众群体认可、收藏，在生活中继续发挥光热。在民族融合的今时今日，这些带有异国风情的手工艺品，需要国家去宣传、保护和传承，在记录历史的同时，寻求进一步发展的可能。

# 潍坊核雕

李　霞

核雕是中国民间传统微型雕刻工艺，具有悠久的历史传统。核雕这门技艺在宋代中期就有文字记载，到了明代已是极为昌盛。明朝人把这一技艺赞誉为“鬼工技”，可见对此技艺的喜爱。2008年，核雕被列入第二批国家级非物质文化遗产名录。

潍坊核雕是我国工艺美术史上的重要组成部分，也是雕刻艺术中的主要门类，以其隽秀精巧、古朴典雅、工艺精细的特点以及独有的风韵和高难度的雕刻工艺，在中国工艺美术史上占有一席之地。

潍坊核雕大约始于清末，它主要是以桃核为材料，并巧妙地利用桃核上的自然麻纹雕出各种生动的景物，如山水、花鸟、人物及车船、首饰、吉语印章等。核雕最著名和最普遍的题材是核舟，以东坡游赤壁最为常见。“夜游赤壁”舟上五人，须眉

《钱袋子》 马友谊

《寿桃》 马友谊

《大圣佛心》 逯雷

毕见，箬篷、窗、楫、壶、炉等应有尽有，船舷左右有窗八扇，开合灵巧，窗户上浅刻着“山高月小，水落石出，清风徐来，水波不兴”，笔画刚劲，字迹清晰。核雕于方寸之地承载着一段段传奇而又曲折的民间记忆。潍坊核雕国家级非物质文化遗产项目代表性传承人王绪德讲述了潍坊核雕的历史故事：清朝末年，有一位原供职于清宫造办处、绰号叫张大眼的核雕艺人，从北京流

《不动明王》 逯雷

《铁道游击队》 朱雄英

落到诸城。就在张大眼贫困潦倒的时候，一个名叫都渭南的人慷慨解囊，助其解脱困境，张大眼十分感激都渭南的帮助，遂把核雕技艺传授于他。都渭南刻苦钻研核雕技艺，并将一身技艺都传授给儿子都兰桂，都兰桂成为真正继承并发展了潍县核雕技艺的集大成者。正是在他的影响和带动下，潍县核雕享誉中外，并形成了潍县核雕艺术独特的风格。

潍坊核雕的原材料主要是桃子的果核，桃核让人自然联想到桃文化。桃核在民间自古就有驱鬼辟邪之说，核雕艺人将民俗文化注入核雕艺术，使其成为蕴含浓厚人文气息的艺术珍品。

1915 年，由潍县核雕爱好者都兰桂刻成的作品《马拉轿车》参加万国博览会，并获得巴拿马万国博览会奖章，让潍坊核雕名扬中外。都兰桂一生研究核雕技艺，其代表作品有《百鸟朝凤》《文王百子图》《百寿图》等。在他的影响下，核雕技艺在潍坊深深扎下了根。邻村一位叫考功卿的年轻人，对核雕产生了浓厚的兴趣，经过一番争取成为了老人的徒弟。他的核雕技艺得到了师傅和同行们的肯定，成长为潍坊新一代的核雕大

《乡愁》 朱雄英

《寿星》 马友谊

《放风筝》 田洪波

师。

1955 年 4 月，周恩来总理希望把潍坊核雕作为国礼赠送给外国元首，考功卿精心地雕刻了《西厢》《红楼》《许仙游湖》《八骏图》《鹿鹤同春》《寿星》6 件核雕作品，周恩来总理来信对他的技术给予了高度的赞扬和奖励，并指示要带好学员，把技艺传承下去，为祖国民间艺术的发展做出贡献。

1962 年 9 月，考功卿调到潍坊市工艺美术研究所工作，并在此结识了他的得意弟子王绪德。

考功卿、王绪德师徒收集各种素材，博览众艺，吸收绘画、雕塑的艺术精华为核雕所用。这一时期，他们精心创作，雕刻出了大量题材丰富的作品。尤为值得一提的是，如今在国家军事博物馆，有一件这一时期创作的核雕作品《百万雄师过大江》，堪称难得的艺术珍品。师徒二人在继承前人技艺的基础上，广泛汲取同行业及其他工艺美术工作者的经验和优点，苦心钻研，将核雕艺术推到了一个新的高度。他们师徒刻的核舟也是别有风味，其中一件作品船尾垂下的锚链由 45 个小如米粒、细如发丝的椭圆形环连接而成，每节环活动自如，甚是精美。师徒二人的作品均有被外国友人收藏的。

潍坊核雕经过一代又一代人的苦心摸索，产生了一件又一件的新颖作品，为中国的工艺美术锦上添花。如今，核雕艺术品逐渐被广大爱好者作为书斋案几清逸脱俗的陈设和随手把玩、抒情遣怀的雅物，其中的精品具有很高的收藏价值。

潍坊核雕遵循应物造形的艺术法则，以刀代笔，以精微见真工。雕刻一件精品，动辄耗费多年时间，价格昂贵，作为收藏品很难进入寻常百姓家。传承人也在积极探求更多的发展途径，譬如，在核雕技艺传承的基础上融入现代设计理念，与其他工艺品类相融合，尝试与多种材质相结合等。核雕工艺的独特性和高贵属性可以作为某一项生活用品的点睛之处，应用到生产生活的更多方面，如作为高端服饰的纽扣、家具装饰、室内装饰的应用等。

《长眉罗汉》 付洪波

《天行健》 付洪波

# 鲁　绣

李　霞

刺绣艺术已经有2000多年的历史，是中华民族最具代表性的优秀传统手工艺之一。明清时期经济发达，宫廷绣工规模很大，民间刺绣也得到进一步发展，产生了苏绣、湘绣、粤绣、蜀绣之“四大名绣”，此外还有顾绣、京绣、瓯绣、鲁绣、汴绣等。

据史书记载，我国最早出现的丝织中心，在春秋时期以临淄为中心的齐鲁地区。当时齐鲁地区的织绣最为发达，素有“齐纨”、“鲁缟”之说。汉代王充《论衡》记有“齐郡世刺绣、恒女无不能”，说明了当时妇女刺绣技艺的普及。齐国生产的精细丝织品，不仅做到了国内“人民多文采布帛”，还畅销各地，即《史记》中所称道的齐国“冠带衣履天下”。

鲁绣是历史文献中记载最早的一个绣种，它最

《八仙过海图》 曲慧珍

迟自春秋战国时期在齐鲁大地起源，传承至今已有2600多年的历史，属中国“八大名绣”之一，是中国北方民间刺绣的代表。由于它所用的绣线大多是较粗的加捻双股丝线，俗称“衣线”，故称“衣线绣”。2009年鲁绣被列入山东省第二批省级非物质文化遗产名录。鲁绣反映着齐鲁大地的地域文化特色，体现着地域文化的生命力和创造力，蕴含着山东人的人文气质、生活方式、审美情趣、道德观念和艺术风格。1975年邹县发掘的一座元代至正十年（1350年）的李裕庵墓中出土的绣衣，是我国迄今为止发现的最早的鲁绣出土文物。该绣衣采用的就是山东传统双丝拈线不劈破的衣线绣。在明代，山东的鲁绣、江南上海的顾绣、东北的辑线绣及北京的洒线绣等都因其不同的地方风格而闻名于世。从故宫博物院陈列的明代鲁绣《文昌出行图》《芙蓉双鸭图》《荷花鸳鸯图》等文物中可以看出鲁绣区别于其他绣种的特有风格。

传统鲁绣的工艺特点表现为山东民间特有的朴实风格。首先，绣线主要采用双合股不破劈的衣线，表现鲁绣花纹苍劲、质地坚牢、丰厚拙朴的地方特色；其次，采用暗花菱纹绸和绫绢或棉布作为绣布，暗花纹与主题交织在一起，追求画面的丰满和富丽；其三，色彩浓丽、对比强烈；其四，针法表现力强，主要采用平针绣再加上编、结、缀、钉、贴补、纳锦、盘金等表现手法；其五，以粗放为主、精细为辅；最后，不追求绘画效果的酷似，而注重工艺性和装饰性。

1952年春，在济南芙蓉街龙神庙内，7位民间绣花艺人自发组织起来，开始了小组化的刺绣生产。这个行动得到了当时济南市妇联的全力支持，从民间手工艺小组发展为集体企业即济南刺绣厂，从业人员一度达到上万人。

20世纪60年代初，鲁绣在继承传统工艺的基础上，吸纳了“四大名绣”之长，创立了“发丝绣”。发丝绣以传统鲁绣的散套针法为主，吸收了齐针、打籽、纳纱、贴补等多种针法，从而形成了鲁绣发丝绣特有的工艺体系。发丝绣最重要的一点就是用经过处理染色后的人发和丝线结合施绣。人发强调质感和真实的效果，丝线可绣制精致部位，粗细结合，刚柔并济，独辟蹊径，使鲁绣发丝绣明显区别于江南发绣。

此外，鲁绣绣品的使用材质也从暗花菱纹绸和绫绢转变为

《出尘之一品清廉》 李伟

《白石老人和虾（发绣）》 刘振兰

《胶东母亲》 张京艳

《吹箫》 曲慧珍

《梅竹双雀图》 于邦华

《葵石犬蝶图》 于邦华

生丝、绸缎、麻布、棉布等。

在表现方式上，传统鲁绣独以手绣为表现手段；如今，鲁绣不仅保持了传统绣法，还创造性地将手绣和机绣完美地结合在一起，极大地拓宽了作品的表现力。代表作品有《六亿神州尽舜尧》《周总理关怀山东绣》等。

鲁绣民间刺绣常见的针法有散套、拉锁、补绣、齐绣、挑花、纳纱、平绣、打籽等几种，如今在传统针法的基础上，逐步发展演变为几十种甚至上百种针法。特别是在继承传统鲁绣技艺基础上，结合四大名绣之长创立的发丝绣，将鲁绣技艺推向了更高的境界。

古老的鲁绣发展到今天，在漫长的历史长河中饱经坎坷。目前，鲁绣如何传承是值得深入探索和实践的课题。传统手工刺绣劳动效率较低，经济效益欠佳，后继乏人。在鲁绣的发展中，需打开思路，除了传统经典的鲁绣绣画的传承之外，还应该把设计

《大富贵亦寿考》 曲慧珍

师和手工艺人紧密联系起来。设计师应了解刺绣针法和基础知识，设计出符合现代人审美和需要的刺绣衍生品，让古老的技艺融入人们的生活，成为非遗传统技艺良性传承的源头活水。基础鲁绣技法简单易学、图案吉祥、纹饰美观，应开发有趣的学习课程，让这门技艺也能为年轻人所喜爱。

# 潍坊刺绣

李 霞

刺绣，又名“针绣”，俗称“绣花”，即按照设计的花样，用绣针穿引彩线（丝、绒、线），在织物（丝绸、布帛）上运针刺缀，以绣迹构成纹样或文字。潍坊刺绣，简称“潍绣”，是山东境内有鲜明地方特色的传统手工刺绣。2006年，潍坊刺绣入选山东省省级非物质文化遗产名录。

潍坊刺绣起源很早，汉代学者王充在《论衡·程材篇》中就有记载：“齐都世刺绣，恒女无不能；襄邑俗织锦，钝妇无不巧。日见之，日为之，手狎也。”这足以说明刺绣在当时的普及及妇女们对刺绣的熟练程度。齐都城营丘（一说在今临淄，另一说在今潍坊的昌乐县境内）在历史上曾一度归潍坊的青州管辖，可以说各地刺绣技艺的传承和发展是同步且相互影响的。

《青花瓷瓶》 马鸿乾

《龙瓶》 马鸿乾

明末至清，潍绣发展达到鼎盛时期。清乾隆年间，郑板桥在潍县任县令。他在《潍县竹枝词》中生动地描述当时妇女的穿戴：“罗绮成箱绣作堆，春衫窄袖好新裁”，“迎婚娶妇好张罗，彩轿红灯锦绣拖”，说明潍坊刺绣在当时已成风气。清道光年间，潍县城关即有专营当地绣品的店铺，常见品种有喜服、寿衣、桌围、椅披、枕顶、鞋面等，并有花轿、棺罩、旗幡、仪仗等大件绣品供租赁。到清光绪年间，因年岁不登，生活艰难，妇女们学习南绣者日多，凡围屏喜帐、戏衣皆能做，其优美胜过南绣。

清末至中华人民共和国成立初期，潍县经营绣货的店铺有同祥号、协同义、广记、金祥、兴庆庚、荣记戏具店、义聚号、天成号、同盛福、福海戏具店、信康绣货庄、翔千戏具店等 30 余家。同祥号创始人李翰臣（1849—1924），在日本大阪设有分号，从日本进口金线等原材料，供应潍县绣货业。这一时期刺绣成为劳动妇女的主要副业，绣工遍布四乡，当时潍县享有“九千绣花女”之誉。

潍绣近代名家当属田翔千、郝桂君夫妇。由田翔千先生供稿，郝桂君女士绣制的潍绣戏装久负盛名。郝女士能根据剧种流派、人物性格特点配色绣制，她为著名京剧表演艺术家梅兰芳、程砚秋、尚小云等人绣制的戏装，舞台效果极佳，深得梨园界好评。

随着社会发展，历史上曾无比辉煌的潍坊刺绣几经沉浮。1958年，潍坊刺绣厂开始生产出口产品，并从青岛引进了绣花机。随着绣花机的使用，手绣渐渐被高效率的机器绣所替代，手绣艺人慢慢转行另寻他业。至20世纪90年代末，连农村大集上常

《孔雀》 马鸿乾

《潍坊刺绣绣片》

见的绣（扒）花、割绒、剪绒鞋垫等刺绣日用产品也销声匿迹。潍坊刺绣的传承更是出现了断代。潍坊十里八乡除了一些年迈的老艺人还偶尔为孙辈绣猫头鞋、虎头帽外，再也难寻绣花女的踪迹，一些 80 后、90 后的年轻人大都不知道潍坊还有刺绣这门技艺。传统的手工刺绣面临失传的窘境。

2006 年，山东省开展了省级非物质文化遗产名录推荐项目的申报工作，时任潍坊工艺美术协会常务副会长的邓华先生翻阅大量资料，以个人名义申报。同年年末，潍坊刺绣入选首批省级非物质文化遗产名录，为潍绣今后的传承发展起了重大的作用。

潍绣在传承发展中不断地采纳、吸取各种传统技法，并能根据所需灵活运用，形成了灵活多样的潍绣针法。其中，具有代表性的针法有盘金绣、打籽绣、套针和锁边绣等。盘金绣即

《残荷》 李银凤

《大汉印象·辎车》 李银凤

《自悟图》 李银凤

用金线在纹样的轮廓上盘绣，用短针钉扎固定，针距均匀。用盘金法绣出的绣品针脚匀称，富丽典雅。打籽绣又称打疙瘩，在绣地上绕针一圈，于圈心落针，也可绕针三圈，与原起针处旁边落针，形成环形疙瘩。此针法常用于绣花蕊，有时也独立用于花卉等图案的绣制，具有较强的立体效果。套针是平针绣法，可作镶色、接色，特点是针脚皆镶嵌，并分单套、双套、集套等。潍绣多采用三套针绣法。锁边绣又称锁针、锁口、扣锁，是常用的锁扣眼针法。此外，经常使用的针法还有齐针、插针、递针、施针、铺针、包针、缠针等传统技法，其中特别引人注目的是绷花和垫绣技法。绷花，是以针引出单线，寥寥数针作放射状，绣出生动的花朵，绷花虽属辅助技法，在绣品中却能起画龙点睛的作用。如在威严的虎的额头上和两肋处各绷一朵小花，使猛虎露出几分慈态，形象十分招人喜爱。垫绣，在绣品中运用更为广泛，其特点是能使绣出的物品产生浮雕的效果。特别值得一提的是,传统的潍绣多是衣线绣,图案花纹苍劲雄健，质地坚实牢固，并根据图案中不同的内容和要求，掺杂了辫绣、手绣、网绣、接针、套针、打籽等多种灵活的针法，针线整齐匀称、疏密有致，且因为是双丝捻线，耐磨力强，具有较高的实用价值。

随着人们精神生活需求的提高，现代潍绣作品开始适应多元化的审美要求，慢慢融绘画和摄影艺术于刺绣中。除传统的富贵有余、连年有余、龙凤呈祥、花开富贵等经典图案外，根据摄影作品和书画作品绣制的新潍绣也备受欢迎。

# 东昌澄泥（澄浆玉泥）烧制技艺

任仲全

东昌澄泥（澄浆玉泥）烧制技艺主要集中在聊城市东昌府区道口铺乡，湖西街道办事处岳庄、徐窑和新区办事处念窑等村，临清、东阿等地亦有分布。2012年，聊城东昌澄泥烧制技艺被确定为山东省省级非遗保护项目。

据史料记载，明洪武年尚书郭敦（1370—1431），利用故乡东昌府千年淤泥和山西手工艺人等有利因素，建议其族兄郭山在东昌府西南（今湖西岳庄）投资建澄窑一座，雇山西绛洲澄浆玉泥窑工移民200人，由道口铺郭庄郭姓祖先作为主要技师进行艺术品的加工制作，后逐渐传授给徐姓、王姓、刘姓、念姓等窑工。后因徐姓窑工较多，渐成村落，即为现在的岳庄徐窑村，村名延续至今。其他姓氏

《檀木紫文人案几砚》

《御用方渠砚台》

等窑工后迁移至东昌府北杨集村、济宁、济南、河北邯郸市馆陶县及杭州、上海等地。当时，该澄窑主要生产制作沾字印模等印书用具，砚台、笔洗、笔筒等文玩，米缸、面缸、茶叶罐、杂物罐等器皿，蟋蟀罐、蛐蛐过笼、观赏鱼缸等宠物用品。出窑后，窑头极品用 30 余种中药泡制蒸煮，用金箔包装好并全部通过运河运入京城皇宫作为御用收藏，被当朝皇帝指定为御窑。窑中精品全部进入官宦人家，窑尾次品全部砸掉，禁止流入民间。据记载，明户部尚书郭敦曾在东昌府西关挖井一眼，用于周边居民饮用和澄窑制品后期蒸煮用水。郭山建造的澄窑遗址保存至今，村中老人均记忆犹新。

澄泥制品制作是一种纯手工艺术形式，具有强烈的地域特征和文人气息。澄泥艺术品为河泥所制，而且是烧制。工艺主要体现在原料的采配、成分及加工，泥料的储备及练揉，手工拉坯及修坯，手工雕花、刻花、划花及装窑，火焰气氛及烧成等方面。一件制品完成要经过采料、精选、风化、配比、熟泥、揉泥、拉坯成型、修坯、手工装饰（雕、刻、印）、装窑、烧窑等工序（每道工序都通过口诀传承），还要再用 30 余种秘传中药蒸煮多次。经过如此繁复的工序，可以使澄泥艺术品坚如铁石。

现代澄泥制品的制作工艺及过程为：

1. 取泥。要选择地表以下比较干净和结实的纯胶泥，或者河底比较细腻的淤泥。山东有很多引黄闸口，一般隔一段时间就会有一个清淤岔口，长年积累沉淀着上游冲刷下来的淤泥。由于它的放水是有控制的，所以也造成淤积地带湿了又干、干了又湿，形成一个自然的风化场，因而地表下的胶泥比较干净。

2. 晾晒。要把取出的泥放在露天里自然风化。这个过程较长，一般是 1~3 年，且时间越长越好。时间短，做出的制品牢固度不好，容易老化。

3. 澄泥。将风化后的泥放在泥池里，注水后搅拌。用一种纱状工具在泥池中来回过滤，将杂质反复滤出。来回几次，每日均搅拌。2~3 日后盖上棚布，让水缓慢蒸发，待其成泥状后用专用工具取出，放在油布内存放。存放的时间按季节控制，一般上等澄泥需要经历至少一年时间。

4. 揉泥。以前老工艺均用手足等自然揉泥，费时费力，适合小工量制作。如今的揉泥一般都借助机械设备，这样揉出来的泥均匀有力度，并且量大。揉后的泥加工成圆柱体，再晾晒到一定的硬度。

5. 成胚。有些手工制作的茶叶罐一般用泥直接拉胚，但是泥要软一些，硬了不容易加工。一般大批量的就要使用模具，模具一般是石刻或者铸铁的，将圆柱体的泥直接挤压成砚台及盖子，使泥坯基本成型，然后再阴干晾晒。

6. 修型。在专用工作转盘上纯手工修整，利用玉石棒、刀片等工具对外表、内膛进行打磨、抛光，把盖子修整到与罐体吻合，并预留出烧制过程中的收缩尺寸。一般罐子收缩尺寸为 1 厘米。修型后的罐子还可以在上面进行平雕、凸雕、薄意雕等艺术加工。

选泥

碎泥

碎泥进缸

澄泥

成型

修坯

成品上架

**澄泥制品制作工艺流程图**

《御用抄手砚》

7. 阴干。将修整处理完的砚台或者罐子再次放在架子上阴干、晾晒，达到一定的干度再进窑烧制。进窑前的砚台、罐子要干湿度正好，太干容易炸裂，太湿容易变形。

8. 进窑。大批量澄泥砚或者茶叶罐进窑后都是一层层摞上去的，所以会出现成品澄泥砚或者茶叶罐的盖上和底部有色差。若想去掉那个印记，需要做专门的钢架，成本很高，又容易出现钢筋熔化的黑斑。完全避免只能一窑少放几个，单独放置，这个方法目前来说已经不现实，成本更高。精品砚台或者茶叶罐一般会用小窑烧制。

9. 烧窑。烧窑时用的材料很多。东昌澄泥（澄浆玉泥）传承的是使用枣木劈柴。控制温度是把握成品质量的关键之一：若烧制温度过高就会瓷化，透气性差，不可取；若烧制时火候不够，就会硬度差，内糠外酥。此外，澄泥砚或者罐的颜色、硬度、莹润程度等都与火候密切相关。古代澄泥砚或者茶叶罐以朱砂红、鳝鱼黄、蟹壳青、豆绿砂、檀香紫、墨玉黑、鸡骨白、雪里红为上乘颜色，尤以豆绿砂、鸡骨白最为名贵。原料都是一样的，温度不同，就会出现不同的颜色，每窑还会出现一些窑变的花罐。有时候可以将一些窑变产品再回窑重新烧制。

10. 闷窑及出窑。烧窑后期要闷窑一段时间，让其自然降温，时间在一星期，然后开窑出品。这个时候成品还是会有所不同。一般每窑有将近 10% 的澄泥砚或者茶叶罐为窑尖，也就是颜色、硬度、做工匀称为上乘；30% 的为次品，颜色有差别，澄泥砚或者茶叶罐有裂、粘等小毛病。

郭太星是澄浆玉泥烧制技艺的第十三代传人，也是山东省省级非物质文化遗产保护项目东昌澄泥烧制技艺的唯一传承人。郭太星自幼师从于祖父、伯父，多年来醉心于这门艺术的发掘、整理、提高。其制作的澄泥砚以发墨黏、绵、均、润、浓等特点，受到了欧阳中石、韩羽、乌丙安、张登堂等当代书画名家的关注。

2007 年以来，郭太星的“东昌轩”澄浆玉泥作品先后在各类博览会上斩获大奖；2010 年其澄浆玉泥（澄泥砚）作品应邀在日本京都美术馆展出；2016 年至 2017 年，郭太星参加了由中宣部及国家版权保护中心组织的在德国、法国、瑞士、奥地利等欧洲国家孔子学院进行的中国文房四宝澄泥砚非遗传承体验活动，受到了外国师生的一致好评。目前，郭太星在聊城水城小学、杭州丹枫小学、上海中华路小学、敬业中学及一些大中专院校设立了非遗传承体验公益基地及课程。

《十六镜面天落盖茶罐》

《天圆地方天落盖茶罐》

# 阳谷木雕

任仲全

阳谷木雕不是宫廷木雕，也不是民间木雕，它是由文人设计创作，抒怀励志、陶冶情操的人文木雕。但作为一门文人手艺，几百年来从未间断过。1965年修订的《阳谷王氏家谱》载：十五世王粹含“精书画善雕刻，才华横溢”，娶衍圣公府孔昭辉长女为妻，孔府陪送的“懿德延禧”木雕鎏金牌匾、下马石等光耀王氏门庭；十六世王凤成，字翔空，善书法篆刻，好诗文；十七世王体起，字天爵，文庠生，为文尚气骨；十八世王建寅，字柄东，国子监太学生，五品员外郎，文武双全，精书画，善篆刻，才华横溢、博古通今，但朝里没人，没有任实职，便专心木雕设计研究，寄托情思、抒怀励志，冀鲁豫边区相当部分木雕、木刻是他设计的，现有功德纪念碑遗存；十九世王思温，字春暖，喜文游艺，乡亲邻里有求必应；二十世王梦岭，字艺峰，

《样板戏》 王忠玲 王传成

《卸任留犊》 王传成 王志达

《孔子》 王传成

《蒲松龄》 王传成

《多山多水多圣人屏风》 王传成

崇文尚艺，细木匠（木雕匠的俗称），虽处战乱之世，但雕花嫁妆、月饼模、馍馍模（亦称火烧模）花线板等仍有一定市场；二十一世王忠玲，少年精木艺，抗日战争时期雕刻过抗日宣传版画，20 世纪 50 年代雕刻过合作化题材的宣传版画，还曾指导二十二世王传成雕刻毛主席像、鲁迅像、样板戏等；二十二世王传成，20 世纪六七十年代雕刻红色木雕、木刻版画，80 年代雕刻家具花版，90 年代创建木雕文化家具研究所，进入 21 世纪，扶持二十三世王志达创办阳谷县状元红文化家具有限公司，努力让传统手艺服务于当代文化建设，用木雕手艺反映用户的文化理念，表达自己的研究成果，歌颂圣贤英模，公司被有关专家命名为“人文木雕”“儒艺木雕”。近几十年来，王志达为各界设计创作的屏风、壁画、工艺品、家具等千余种，参加省，国家，国际木雕、木刻等非遗活动近百次，获得省级以上大奖 30 余项，国家专利 5 项。

《多山多水多圣人屏风局部》 王传成

阳谷木雕唯一省级传承人王传成，现为山东省工艺美术大师、山东手工艺制作大师、中国民间文艺家协会会员、中国工艺美术协会会员、中国家具协会会员、国际木文化学会会员、山东英才学院特聘教授，著有《木文化简谱》一书，入选“中华木作经典出版工程”书库。

在继承传统雕刻技法的基础上，王传成从其他艺术门类中汲取营养，大胆创新，开创了风格独特的阳谷木雕。其作品大多取材于水浒故事和本地民俗风情，纯手工制作，刀法淳朴圆润、细密流畅，刻画人物形神兼备，造型生动稳重、淳朴自然，具有浓郁的生活气息和地方特色。

作为一个有思想的传承人，他认为：“龙、凤代表男、女。受男尊女卑思想影响，历史上多见九龙图，为什么不能刻一下九凤图？”“孔子不仅是思想家、教育家、政治家，我认为他还是改革家、军事家、外交家、艺术家……堪称‘十大家’。

《雁塔模型》 王传成

《和平孙子》 王传成

这在史料中都是有据可查的，所以我创作了木雕作品《匡世孔子屏风》。”“山东除泰山外还有崂山、沂蒙山……除黄河外还有大明湖、微山湖……除文圣孔子外还有亚圣孟子、兵圣孙子……所以我创作出了木刻版画《多山多水多圣人》。”

王传成的“专业底气”源于他不仅承袭了家传的木刻木雕技艺，还继承了祖辈饱读诗书、广征博览的优良家风。专业方面，他广泛研读了《中国木雕工艺》《中国古版画》《宋代营造法式》《清代营造法式》《各国家具图集》《工艺美术史》《世界雕塑大全》《历代画谱》《美术大全》《古建园林》等重要专业文献；文史哲的修养方面，他系统阅读了《二十四史》《四书五经》等传统经典著作。

凭着独到的专业技艺和与时俱进的创新精神，王传成的木雕作品形成了工艺品、家具和木刻版画三大系列，在非遗保护方面实现了活态化传承。业内人士评价说，王传成作品价值体现在八个方面，即实用、装饰、艺术、文化、历史、学术、稀有和传世价值。

对世代延传的阳谷木雕技艺，王传成深知它的珍贵和价值。从 30 多年前开始，他就有意识地招徒授艺。时至今日，他带出的 30 多个徒弟都已经能够独当一面，在全国各地延续着阳谷木雕的文气和血脉。他的儿子王志达也是众多徒弟中的一位。秉承“据德、游艺、弘文”的家训，王志达自幼跟随父亲研究学习传统文化和木雕制作艺术。2008 年，他从浙江广厦建设职业技术学院木雕制作与设计专业毕业后，又到清华大学美术学院环境艺术设计系深造。“青出于蓝而胜于蓝”，王志达接手公司后，马上承接了几项大业务：为阳谷县狮子楼旅游城复制了 300 余件宋式家具，承接了济南空军蓝天宾馆室内木雕装潢的工程。在不断获得大奖的同时，他还被聊城市选拔为首批“水城文化之星”，被山东省授予“工艺美术名人”称号。在第十届中国艺术节、2013 第五届中国（山东）工艺美术精品暨时尚家居用品博览会上，他创作的金丝楠顶箱柜和版画《齐鲁七圣图赞》分别获工艺美术新人奖金奖、银奖。

《飞龙樟木箱》 王传成

《匡世孔子雕木屏风》 王传成

# 黑陶烧制技艺

路　鹏

大风泱泱，大潮滂滂。洪水图腾蛟龙，烈火涅槃凤凰。文明圣火，千古未绝者，唯我无双；和天地并存，与日月同光。

——摘自《中华世纪坛序》

中华文明源远流长，我们的祖先早在上万年前就已经创造出了令今人叹为观止的远古文明。制陶技艺的出现可以说是上古时期最具历史意义的发明创造，标志着人类对自然界的改造进入了一个崭新的层面，有学者将它看作是新旧石器时代区分的标志物。其造物思想和制作技艺，依然深刻地影响着当代造物的设计与工艺，它们跨越千余年的时空，在今天依然焕发着盎然生机。世人多知以仰韶文化为代表的彩陶文化，对黑陶却知之不多。黑陶作为龙山文化遗址的代表性文化符号，出土的蛋壳黑陶杯被众多专家视为新石器时代制陶工艺之巅峰。1972 年，美国总统尼克松首

《青云得路》 胡新苗

《丝绸之路》 张辉

《福寿禄》 谭连国

《森林》 李闻雷

《盛世龙瓶》 邢葆东

《花尊》 魏春霞

次访华时，就提出要看一看在日照出土的黑陶蛋壳杯。

1. 历史起源

人类文明的发源地一般均为大河流域，山东省地处黄河下游，东临海洋。按照从史前至东周时期文化发展的顺序，山东地区可以分为海岱文化和齐鲁文化。海岱文化是山东地区史前文明的统称，也被称作东夷文化。龙山文化属于海岱文化，是中国黄河中下游地区新石器时代晚期一类文化遗存的泛称，因 1928 年首次发现于山东省章丘龙山镇，故称龙山文化。其上承旧石器时代的大汶口文化，因此出土器物在造型、技艺和装饰等方面体现出了延续性。龙山文化出土器物以黑陶为主，该遗址中常见快轮技术制作的黑陶和薄壁蛋壳黑陶，尤其是蛋壳陶，漆黑乌亮，薄如蛋壳，“掂之飘忽若无，敲之铮铮有声”，具有“黑如漆、明如镜、薄如纸、声如磬”的特点，代表着这一类型陶器的最高成就，被史学家称为“原始文化的瑰宝”。为区别于以彩陶为主的仰韶文化，龙山文化又被称作黑陶文化。

2. 工艺特征

山东黑陶的加工制作工艺包括选土、晒土、浸泡过滤、沉淀缩水、制泥、制坯、晾坯、修坯、压光、刻花、干坯、烧制等十几道手工工序，按工艺顺序大致可分以下几个方面：

在材料制作方面，整体上以砂质陶和细泥陶为主。德州以胶泥为主，泥质细腻，在烧成温度上较其他地方低，也促成了软刻工艺的发展；其他地区土质较硬，如日照以丘陵地带泥土为主，烧成温度较高。材料不同，促成了各地工艺特色的差异。制陶匠人选取当地深层黏土或胶泥，捣碎过筛，用清水浸泡，再过滤、沉淀、发酵，其后经历千百次揉压，才可用于制陶。

在制坯技术方面，传统黑陶工艺以轮制技术为主，这种原始的轮制加工技术在山东省内的一些地区目前仍在使用，现代黑陶则改用机械拉坯。

在装饰工艺方面，常使用弦纹、划纹、镂空等手段。总体上德州以刻花为特色，章丘与德州趋同，日照以浮雕为特色，夏津以大瓶堆塑为特色。

在烧制方面，采用高温密封窑烟熏渗碳技术，因含铁量较高的陶土原料在还原气氛下烧成，从而使器表呈现出深黑色光泽。其烧制以柴烧为主，但随着环保等政策性影响，近些年也有尝试使用其他方式进行的烧制实验。

《鸟形鬶》 邢葆奎

《镂空蛋壳杯》 邢葆奎

《孔子竹简》 邢葆奎

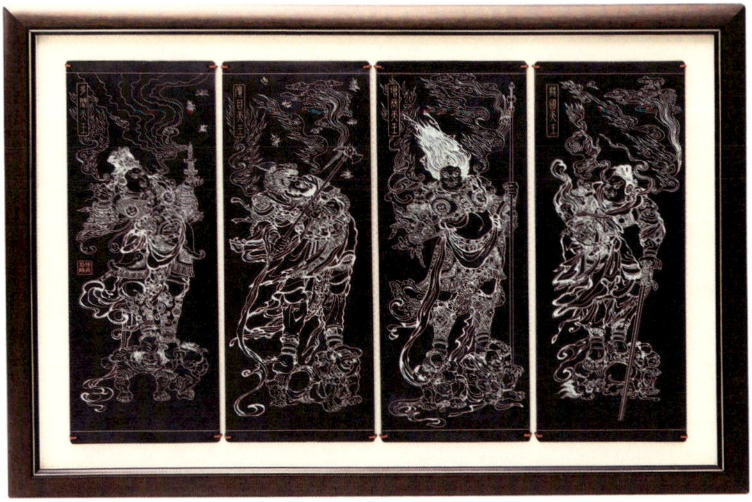

《风调雨顺》 徐兵

3. 当代发展

黑陶源自于人们的生活用器需要，传统黑陶的造型品种除了尖底瓶、罐、盆等外，还出现了鬲、豆、杯、鼎等品种。由于黑陶质脆易碎，逐渐被灰陶及瓷器所替代，但在民间仍然保有一定的使用范围。20 世纪 80 年代的临沂、日照等地仍然在使用黑陶工艺制作的瓮、盆、罐等日用器物，但随着城镇化进程的发展，黑陶日用品在人们的日常生活中渐渐淡出。现今山东黑陶生产以德州黑陶、章丘黑陶、日照黑陶和夏津黑陶为典型代表，其产品融会了雕、刻、画、划、镂等传统技法，又加入了彩绘等新技艺。自 20 世纪 80 年代以来，山东黑陶广泛吸收了国内其他黑陶的工艺、造型、装饰等特点，制成了具有现代特色的黑陶工艺制品。山东各地的黑陶也各有特色，如德州的开片黑陶、影雕黑陶，日照的黑陶雕塑、黑陶浮雕及仿古黑陶，夏津的龙耳大瓶等成为山东的拳头产品。

2009 年中国陶瓷工业协会黑陶艺术专业委员会落户齐河；2009 年 11 月，中国轻工业联合会正式授予山东省德州市“中国黑陶城”称号；2013 年中国现代黑陶艺术馆在德州齐河落成并开馆。

手工刻花

目前，日照黑陶烧制技艺、龙山黑陶烧制技艺、齐河黑陶烧制技艺均被列入山东省省级非物质文化遗产代表性项目名录。

除了山东，河南沁阳、陕西渭南、青海尼西、四川荥经等地均是传统黑陶产区，许多地方仍然保留着其传统工艺及使用习惯，但都是以民用器具为主。现代黑陶产区在山东、黑龙江、辽宁、河南、山西、河北、江苏、云南、西藏、青海等地均有分布。

山东黑陶产业在全国范围内具有重要影响，但目前在产品创新和发展方面还存在许多问题与不足，在进一步重视黑陶的历史传统发掘、传统工艺继承、创新产品发展等方面还有许多工作要做。

# 淄博陶瓷烧制技艺

路 鹏

2011 年 5 月 23 日，淄博陶瓷烧制技艺被列入第三批国家级非物质文化遗产名录。

淄博有着悠久的历史，是一座国家历史文化名城。淄博地处鲁中，毗邻黄河，境内有小清河、孝妇河、沂河和淄河等河流，域内矿产资源丰富，煤、铁、铝土矿等资源为当地的工业发展带来了一定的优势，生产的琉璃品和陶瓷制品享有盛誉，宋代时有“瓷都”的誉称，中华人民共和国成立后成为中国陶瓷生产的五大基地之一。

据考古发现，淄博的沂源早在四五十万年前就已经有猿人活动，与北京猿人属于同一时期，沂源猿人遗址也是山东唯一的旧石器时代遗址，其后又经历了后李文化、北辛文化、大汶口文化、龙山文化等时期，历经数千年的文化传承，有着很清晰的

北朝《青釉莲花尊》

《领袖与将帅》 阎先公

延续性和很完整的系统性。后李文化的典型代表即是该时期的陶器文化，这一时期的陶器都是夹沙陶，制陶原料多为含有细砂的沉积土，陶胎的质地与其同时期地层土的成分极为相似，陶色有红褐陶、红陶、灰褐陶和黑陶，该遗址是我国最早制作陶器的产地之一。北辛文化遗址主要有临淄区后李遗址、张店区傅家乡的浮山驿和黄家遗址，所制陶器有钵、鼎、壶、罐等，流行三足器和圜底器，少见平底器，已开始大量制作泥质陶。现存大汶口文化时期陶瓷烧制遗址 30 余处，主要分布在张店、临淄、淄川境内，其早期产品多为红陶，中晚期为灰陶、白陶及彩陶。从早期到晚期，红陶的比例逐渐下降，灰陶和黑陶比例上升，发展到晚期时红陶已经很少见。在使用原料、成型、烧成等方面，晚期时已经具有了丰富经验，开始使用轮制技术制陶，出现了快轮技术。龙山文化时期，已经普遍使用快轮成型技术，以黑陶、灰陶为主，器形

《李白》 李梓源

《知春》 王晓涵

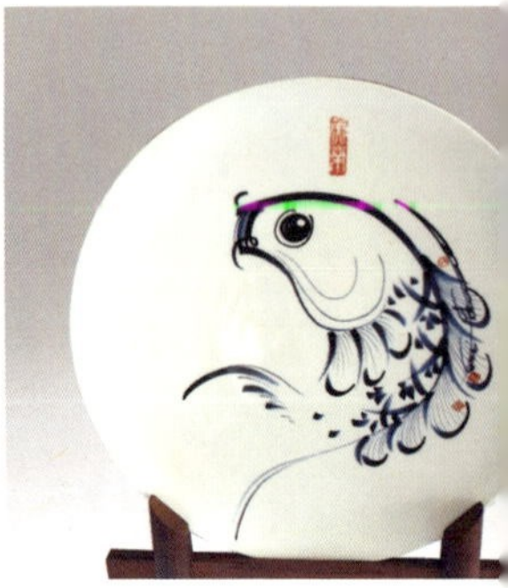

《鱼乐图》 王一君

种类很多，产地分布较广，今临淄、张店、淄川、周村、桓台、博山、沂源等区县共发现遗址 60 余处。

夏、商、周、春秋时期，器形以鬲、鬶、盆、豆等日用陶与砖、瓦等建筑陶为主，今淄川区寨里镇一带出现原始青瓷，在齐国都城临淄已有专门负责陶器生产的机构“陶正”，还出现了记述官营手工业各工种规范和制造工艺的文献——《考工记》。

秦汉时期，淄博陶瓷烧制技术实现了由陶到瓷的过渡，成为当时中国北方最早的青瓷产地，寨里窑出土的青釉莲花尊是淄博早期青瓷的代表作品，也是早期青瓷器中的艺术精品。

隋唐时期，淄川磁村窑兴起，逐渐开始烧造黑釉瓷、酱釉瓷等。黑釉瓷的生产为以后窑变釉的出现做好了准备，如茶叶沫釉是我国古代铁结晶釉中重要的品种之一。磁村窑还首创了白釉瓷器，并采用高温绿斑彩装饰。

宋金时期，新窑场不断出现，淄博陶瓷业进入鼎盛时期。因原料供应问题，生产中心由淄川转向博山，其间茶叶沫釉、雨点釉的生产技术逐渐成熟，使得淄博窑作为民窑开始名满天下。其烧制的作品具有明显的民间特色，创作自由洒脱，自成趣味。

元代时因战乱，淄博陶瓷生产受到较大影响，茶叶沫釉、雨点釉的工艺技术开始失传。

明清时期，淄博窑复苏，陶瓷从业人数越来越多，到乾隆时期，已经发展成为江北地区重要的民用陶瓷生产、销售中心。开始使用化妆土生产白瓷产品，并开发出具有当地特色的青花料，比较有代表性的作品即博山鱼盘。直至今日，博山鱼盘依然是当地的特色产品之一。

清末和民国时期分别恢复了茶叶沫釉和雨点釉工艺。

中华人民共和国成立后，成立了淄博美术陶瓷厂、博山陶瓷厂等国营陶瓷企业，产品出口欧美、日本、东南亚及非洲等

《居家餐具·怡心》 国华瓷业

《云满山间》 孟广建

《几番雪里枕戈寒》 余旭光

国家和地区，还相继创造了红金晶釉、鸡血红釉、金星釉和几十种黑釉变化釉。工艺师朱一圭致力于黑陶着彩的研究，首创立粉画法，对乌金釉进行装饰获得成功，解决了自古以来乌金釉上不能加彩绘的难题。20 世纪 70 年代起，在陶瓷企业科研人员的攻坚克难下，具有国际、国内高水平的高档日用细瓷研制成功，尤其是以硅元瓷器为代表的创新型陶瓷企业先后开发出了以滑石质瓷、高长石质瓷、高石英瓷、鲁光瓷、合成骨瓷等“五朵金花”为代表的新瓷种，形成了淄博陶瓷的新特色，

《中南海特制盖杯》 博纳科技

从而确立了淄博陶瓷在国内日用瓷的地位。其后又开发出以紫光盖杯、中华龙国宴用瓷、鱼子蓝釉等为代表的国家接待外宾用瓷，成为“当代国瓷”。淄博的宝石瓷、鲁玉瓷、乳白瓷、高石英瓷、合成骨瓷等产品先后进入人民大会堂、中南海紫光阁等重要场所，是继景德镇瓷、醴陵瓷之后的第三代国家用瓷。现今，淄博陶瓷产品门类有日用陶瓷、工艺美术瓷、高技术陶瓷、陶瓷新材料、陶瓷装饰材料等，主要有骨质瓷、高石英瓷、镁质强化瓷、鲁青瓷、水晶瓷、出口瓷、礼品瓷、文化用瓷、刻瓷、彩绘、陶艺、功能陶瓷、结构陶瓷、超导材料、隔热材料等数百个。2009 年 9 月，中国陶瓷工业协会授予淄博市“淄博陶瓷　当代国窑”称号。

在悠久的陶瓷工艺发展历史中，淄博陶瓷烧制技艺一路传承，不断创新，不仅展示着独具特色的地方艺术魅力，更向世人展示了陶瓷之都的深厚积淀和创新精神。

# 淄博雨点釉烧制技艺

路　鹏

在中国悠久的陶瓷历史中出现了许多影响深远的陶瓷釉色，并因此而形成了各地瓷器的标志特色，如青花釉、铜红釉、青釉、油滴釉等等，这些釉色各异的瓷器为中国古代陶瓷艺术创造了无限生机与魅力。对于陶瓷烧制艺人来说，开窑的那一瞬间往往是他们最期待和最激动的时刻，因为附着在陶瓷器表面上的釉料在窑炉中所呈现出的变幻莫测的窑变，实在是令人心醉和神往。

在 2016 年 9 月的纽约佳士得拍卖会上，曾经拍出一件“南宋油滴天目茶盏”，成交价为 1170.3 万美元，是目前存世完整的三件中的其中一盏，传入日本的“曜变天目盏”，更是被日本国奉为国宝。《君台观左右账记》中将建盏中的“曜变”视作最上品，

《双龙瓶》 周占元

老艺人侯相会

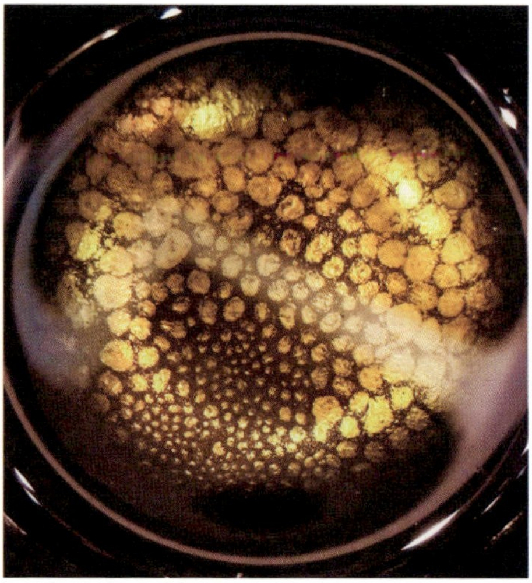

雨点釉茶器使用效果

油滴次之。油滴釉是黑釉中的一个特殊种类，属于窑变产物，油滴釉一般是指在釉面上散布有大小不一的银灰色金属光泽的圆点，形状类似油滴，其成因是在烧成时铁的氧化物富集凝聚，在冷却时形成局部过饱和的状态，以赤铁矿和磁铁矿的形式析出晶体，形成油滴斑，属于结晶釉。日本学者将油滴釉分为建窑油滴和华北油滴两种，两者在外观上有相似之处，但在具体的工艺和烧成氛围上有明显区别。建窑油滴即位于福建的宋代建州窑，是宋代建窑的名贵釉色，以建窑的建盏烧制技艺所形成的鹧鸪斑为突出特色。华北油滴则是宋金时期在山西、河北、陕西、山东等北方窑口所烧制的雨点釉技艺，以类似雨滴状圆点为突出特色。山东境内的淄博在唐朝末期就已出现雨点釉，但仍然是偶然得之，并未真正从技术上掌握。到宋金时期，对雨点釉的技术运用已达到纯熟，其后由于战乱等因素，该技艺一度失传。民国年间，淄博民间艺人侯相会从原料配制、造型特点、施釉方法、装窑部位、烧成控制等几个方面反复试验，终于掌握了油滴釉的成釉规律和工艺特点，于 1936 年成功试制

宋代《玉壶春瓶》

《提梁壶茶具》 周冠丞

出了接近史料记载的油滴釉，使这一失传了600多年的中国传统名釉再现。

淄博是中国陶瓷发祥地之一，汉代称博山窑，是国家命名的“中国陶瓷名城”。2011年5月23日，淄博陶瓷烧制技艺被列入第三批国家级非物质文化遗产名录。在考古发现中已经证实，淄博沂源扁扁洞为新石器早期人类居住遗址和制陶遗址；八千多年前，后李文化时期的古陶窑，是迄今为止我国发现的最早的古陶窑；还有北朝时期的寨里窑，唐宋时期的磁村窑、博山窑等十几处古窑址。唐宋年间，在官方的主导下，陶瓷业形成了官窑与民窑的格局，淄博作为民窑中的一支窑口，千百年来延续至今。宋朝中期，通过对茶叶末釉和雨点釉的创制，淄博窑扬名天下。到清朝乾隆年间，淄博已经成为北方地区最重要的民窑之一，淄川西南沿博山城至八陡一带的近百里窑场，商贾往来，车水马龙。在这种繁荣的背景下，清代岳浚所著《山东通志》中记载“其利民不下于江右之景德镇矣”。

淄博雨点釉烧制技艺作为传统技艺于2016年3月被列入山

《四平八稳》 周祖毅

《容天下》 周祖毅

《竹鸡盘》 周祖毅

东省省级非物质文化遗产代表性项目名录。

雨点釉自宋代诞生以来，因迎合了当时王公贵族和士大夫等阶层斗茶活动的风气和宋代禅宗美学等文化的影响而受到了世人追捧，北宋时期设有青州瓷器库，雨点釉被列为贡品。抗日战争时期，日军占领山东后，曾威逼利诱侯相会将雨点釉技艺传授出来，但侯相会不为所动。中华人民共和国成立后，侯相会先后创作出 50 多种具有浓厚地方特色的新产品，如雨点釉浮雕赤虎瓶、五龙樽、提梁壶茶具等。1959 年，雨点釉产品在淄博美陶厂恢复生产，侯相会带领其弟子李洪昌和技术人员将雨点釉产品的品质进一步提升，产品被选为国礼，出口日本、美国等国家。

同在淄博土生土长的周占元也一直在致力于雨点釉技艺的发展。20 世纪 70 年代，周占元在博山工艺美术陶瓷厂成功试制生产雨点釉双龙瓶，其后，成立了博山油滴雨点釉研究所。在周占元的亲授指导下，其子周祖毅传承并发展了这一传统名釉的烧制技艺，不仅恢复了提梁壶、双龙瓶等传统器型，还成功地将立粉彩陶技艺与雨点釉相结合，作品被中国陶瓷馆收藏，并在省文博会和中国非物质文化遗产博览会上受到青睐，被国内外收藏家视作珍品。如今淄博雨点釉技艺已经传承到第四代，周冠丞作为后起之秀已经开始担当起雨点釉传承的历史重任。

目前，在淄博市进行雨点釉烧制的人数不多，对于雨点釉技艺的保护和传承，需要更多的投入与支持，力争打造出一个陶瓷类的国际知名品牌，使这项技艺真正得到活态传承、良性传承。

《金鸡报平安》 周祖毅

**图书在版编目（CIP）数据**

非遗之美：山东省非物质文化遗产赏析 1 / 王传东主编. — 济南：山东教育出版社，2019.11
ISBN 978 - 7 - 5701 - 0854 - 1

Ⅰ. ①非… Ⅱ. ①王… Ⅲ. ①非物质文化遗产 - 赏析 - 山东 Ⅳ. ①G127.52

中国版本图书馆CIP数据核字（2019）第246497号

FEIYI ZHIMEI
SHANDONGSHENG FEIWUZHI WENHUA YICHAN SHANGXI 1

**非遗之美**
山东省非物质文化遗产赏析 1
**王传东　主编**

---

主管单位：山东出版传媒股份有限公司
出版发行：山东教育出版社
地址：济南市纬一路321号　邮编：250001
电话：（0531）82092660　网址：www.sjs.com.cn
印　　刷：济南龙玺印刷有限公司
版　　次：2019年12月第1版
印　　次：2019年12月第1次印刷
开　　本：710毫米 × 1000毫米　1/16
印　　张：12.25
印　　数：1 - 3000
字　　数：160千
定　　价：96.00元

---